ÜLIMAALNE KOLOMBI KOKARAAMAT

100 retsepti Lõuna-Ameerika rikkaliku pärandi tähistamiseks

Jelena Stepanova

Autoriõigus materjal ©2024

Kõik õigused kaitstud

Ühtegi selle raamatu osa ei tohi mingil kujul ega vahenditega kasutada ega edastada ilma kirjastaja ja autoriõiguste omaniku nõuetekohase kirjaliku nõusolekuta, välja arvatud ülevaates kasutatud lühikesed tsitaadid . Seda raamatut ei tohiks pidada meditsiiniliste, juriidiliste või muude professionaalsete nõuannete asendajaks.

SISUKORD

- SISUKORD 3
- SISSEJUHATUS 6
- HOMMIKUSÖÖK 7
  - 1. Kolumbia Chorizo 8
  - 2. Traditsiooniline Colombia hommikusöök (Calentado) 10
  - 3. Huevos Pericos 12
  - 4. Caldo De Costilla 14
  - 5. Colombia maniokkileib (Pandebono) 16
  - 6. Colombia purustatud roheline jahubanaan 19
  - 7. Arepa Boyacense 21
  - 8. Arepa munaga täidetud 23
  - 9. Munad tomatite, paprikate ja sibulaga 25
  - 10. Krepid juustuga 27
  - 11. Colombia röstsai 29
  - 12. Kookosmuna muffinid 31
- EELROID JA SUUNID 33
  - 13. Singi- ja kartulikroketid 34
  - 14. Grillitud juust leival 37
  - 15. Chicharrones 39
  - 16. Yuca-kookose kook 41
  - 17. Colombia Patacones 43
  - 18. Colombia juustu-arepa pallid 45
  - 19. Küpsed jahubanaanid Empanadas juustuga 47
  - 20. Kana kroketid 49
  - 21. Colombia jahubanaan Nachos 51
  - 22. Mini Arepa pitsad 53
  - 23. Kartuli sõõrikud 55
  - 24. Aborrajados 58
- SALATID JA KÕRVALTOIDUD 60
  - 25. Kolumbia rohelise kapsa salat 61
  - 26. Colombia salat 63
  - 27. Colombia kartulisalat 65
  - 28. Colombia marineeritud porgandi- ja peedisalat 67
  - 29. Läätsede, rukola, mango ja kinoa salat 69
  - 30. Avokaado ja tomati salat 71
  - 31. Tomat ja palmisalati südamed 73
  - 32. Colombia tomatisalaat 75
  - 33. Kinoa, krevettide ja chimichurri salat 77
- SUPID JA HAUTUSED 79
  - 34. Colombia muna- ja piimasupp 80

35. Sopa De Lentejas Con Carne 82
36. Sopa De Patacones 84
37. Sancocho de Gallina 86
38. Mondongo Colombiano 88
39. Lihapalli- ja riisisupp 90
40. Colombia-odra ja sealihasupp 93
41. Kolumbia stiilis läätsesupp 95
42. Mereandide hautis 97
43. Kolme lihaga Sancocho 99
44. Colombia Ahuyama supp 101
45. Colombia kana maisi- ja kartulihautis 103
46. Kana ja kookosesupp 105
47. Colombia kana Sancocho 107

PEAROAD 109

48. Kolumbia stiilis täidetud sealiha 110
49. Colombia sealiha Milanese 112
50. Kolumbia praetud terve kala 114
51. Colombia tomati ja sibula salsa 116
52. Colombia oad 118
53. Carne En Polvo 120
54. Colombia läätsed 122
55. Colombia turmada kartul 124
56. Kolumbia Carne Asada 126
57. Taimetoitlased empanadad mustade ubade ja maisiga 128
58. Frijoles Colombianos 131
59. Sancocho de Albondigas 133
60. Crema De Aguacate 135
61. Kolumbia stiilis lihapallid 137
62. Küpsetatud lõhe koriandri-küüslauguõliga 139
63. Lõhe krevetikastmega 141
64. Kolumbia stiilis röstitud seajalg 143
65. Laimiga kastetud praad 145
66. Kanavõileib 147
67. Colombia searibid 149
68. Peekon ja Collard Greens 151
69. Singi ja juustuga küpsetatud riis 153
70. Kana potipirukas 155

MAGUSTOODUD 158

71. Colombia jõulukreem 159
72. Colombia naela kook 162
73. Colombia või- ja suhkruküpsised (Polvorosas) 164
74. Kolumbia Merengón 166
75. Kookoskommid (Cocadas Blancas) 168

76. Õunapuru kook 170
77. Avokaadovaht 172
78. Torta De Tres Leches 174
79. Colombia rosetid 177
80. Guajaavpasta täidisega leib 179
81. Maisijahu kook 182
82. Kolumbia stiilis piimapuding (Postre De Natas) 184
83. Kookose kook 186
84. Colombia Bunuelos 188
85. Colombia käsnkook (Bizcochuelo) 190
86. Kolumbia Dulce De Leche saiake 192
87. Colombia šokolaaditükk ja banaanimuffinid 194
88. Colombia maasika besee 196
89. Kassava kook 198
90. Šokolaadi-koorepirukas 200
91. Vanilje flan 202
92. Postre De Milo 204
93. Banaanid Calados 206

JOOGID 208
94. Colombia Refajo 209
95. Colombia kuum šokolaad juustuga 211
96. Kolumbia korallid 213
97. Colombia ananassi kuum jook 215
98. Colombia kookose kokteil 217
99. Colombia Salpic Ón 219
100. Apelsini ja Aguardiente kokteil 221

KOKKUVÕTE 223

5

SISSEJUHATUS

Tere tulemast tutvuma "ÜLIMAALNE KOLOMBI KOKARAAMAT", mis on erakordne kulinaarne teekond, mis tähistab Lõuna-Ameerika rikkalikku ja mitmekesist pärandit Colombia köögi elavate maitsete kaudu. See kokaraamat on austusavaldus Colombia gastronoomilistele aaretele, pakkudes ahvatlevat 100 retseptist koosnevat kollektsiooni, mis kajastavad riigi kultuurilist rikkust, kulinaarseid traditsioone ja armastust toidu vastu. Colombia köök on põlisrahvaste, Hispaania, Aafrika ja Kariibi mere kultuuride mõjutuste sulatusahi, mille tulemuseks on maitsete, värvide ja tekstuuride gobelään, mis on sama mitmekesine kui selle kauni riigi maastikud. Alates Bogotá elavatest tänavatest kuni Andide ja Kariibi mere ranniku lopsakate orgudeni pakub iga Colombia piirkond oma ainulaadseid kulinaarseid naudinguid, mis on kujundatud kohalikest koostisosadest, traditsioonidest ja tavadest.

Selles kokaraamatus kutsume teid asuma kulinaarsele seiklusele läbi Colombia, kus iga retsept räägib loo ja iga roog tähistab riigi rikkalikku pärandit. Rõõmsatest hautistest ja lohutavatest arepadest kuni troopiliste puuviljade magustoitude ja värskendavate jookideni – valmistuge oma maitsemeeltele ahvatlema Kolumbia autentsete maitsetega. Kuid "ÜLIMAALNE KOLOMBI KOKARAAMAT" on midagi enamat kui lihtsalt retseptide kogum – see on Lõuna-Ameerika kulinaarsete imede avastamise, uurimise ja tunnustamise teekond. Selle kokaraamatu lehekülgedele süvenedes saate teada Kolumbia köögi ajaloost ja kultuurilisest tähendusest, samuti näpunäiteid ja tehnikaid autentsete Kolumbia roogade taasloomiseks oma köögis.

Nii et olenemata sellest, kas olete kogenud kokk või algaja kokk, kas avastate Colombia kööki esimest korda või otsite uuesti ühendust oma kulinaarsete juurtega, laske "ÜLIMAALNE KOLOMBI KOKARAAMAT" olla oma teejuhiks. Alates Medellíni elavatest turgudest kuni Amazonase vihmametsa kaugemate küladeni – iga retsept viib teid Colombia südamesse ja inspireerib teid looma meeldejäävaid toite, mis tähistavad riigi rikkalikku kulinaarset pärandit.

HOMMIKUSÖÖK

1.Kolumbia Chorizo

KOOSTISOSAD:
- 1 seakest, 1 ¼ tolli (50 jalga)
- 4 spl siidri äädikat
- 7 naela. lahja sealiha, hakkliha
- 6 küüslauguküünt, hakitud
- 4 kimp rohelist sibulat, hakitud
- 1 hunnik värsket koriandrit, hakitud
- 1 spl kuivatatud pune, tükeldatud
- 2 spl valget äädikat
- 3 ½ tassi külma vett
- 7 supilusikatäit soola

JUHISED:
Sega sealiha köögikombainis 1 minut küüslaugu, rohelise sibula, koriandri, pune ja äädikaga. Topi see lihasegu seasoole ja seo kahest otsast kinni. Keeda suures potis külm vesi soolaga ja keeda chorizot vees 10 minutit. Viiluta ja serveeri.

2.Traditsiooniline Colombia hommikusöök (Calentado)

KOOSTISOSAD:
- 4 arepas
- 4 keedetud Colombia chorizot
- 4 praetud muna
- 3 tassi hogao (Colombia kreoolikaste) või sarnast tomatikastet
- 4 tassi keedetud valget riisi
- 4 tassi keedetud pintoube

JUHISED:
a) Segage sobivas kastrulis hogao, oad ja riis, segades korralikult, et riis ja oad kataks hogaoga.
b) Küpseta regulaarselt segades umbes 15 minutit keskmisel kuumusel või kuni segu on soe.
c) Serveerimiseks jaga oa-riisi segu ühtlaselt serveerimistaldrikutele. Ümbritse oad chorizo ja arepaga.
d) Lisa praetud munad ubade ja riisi peale ning serveeri.

3.Huevos Pericos

KOOSTISOSAD:
- 4 muna
- 2 keskmist tomatit, tükeldatud
- 2 spl oliiviõli
- 4 spl hakitud talisibulat
- Sool, maitse järgi

JUHISED:
a) Kuumutage õli sobival mittenakkuval pannil keskmisel kuumusel. Pärast tomatite ja talisibula lisamist küpseta 5 minutit, perioodiliselt segades.
b) Samal ajal vahusta eraldi kausis munad ja sool.
c) Vala munad koos tomatiseguga pannile ja küpseta aeg-ajalt keerates, kuni segu hakkab keskmisel kuumusel tahenema.
d) Küpseta peaaegu 2 minutit, kuni munad on teie valitud konsistentsiga, segades kaks korda, et munad seguneksid tomati ja sibulaga.
e) Tõsta serveerimisvaagnale ja tõsta peale arepa või sai.

4. Caldo De Costilla

KOOSTISOSAD:
- 3 naela. lühikestest ribidest
- 1 tl jahvatatud köömneid
- 15 tassi vett
- ¼ teelusikatäit achioot, jahvatatud
- 5 küüslauguküünt, hakitud
- 1 tass sibulat, tükeldatud
- 6 sibulat, hakitud
- ½ tassi värsket koriandrit, hakitud
- 1 nael kartulit, kooritud ja kuubikuteks lõigatud
- 2 suurt porgandit, kooritud ja viilutatud
- Sool ja pipar, maitse järgi

JUHISED:
a) Sega sobivas potis ribid, köömned, achiote sool, pipar ja vesi.
b) Keeda keemiseni, seejärel alandage madalal kuumusel ja keetke umbes tund. Segage segistis küüslauk, sibul ja talisibul ¼ tassi veega ja segage üks minut.
c) Küpseta selle seguga potis veel 40 minutit. Kombineerige pool koriandrist, kartulid ja porgandid sobivas segamisnõus.
d) Keeda veel 30 minutit, kuni kartulid on pehmed ning maitsesta soola ja pipraga. Serveeri soojalt, kaunistatud hakitud koriandriga.

5.Colombia maniokkileib (Pandebono)

KOOSTISOSAD:
- 2 tassi maniokkijahu
- ¼ tassi maisijahu (masa)
- 2 spl suhkrut
- 1 tl küpsetuspulbrit
- 2 tassi (10 untsi) queso fresko, purustatud
- ½ tassi fetajuustu, purustatud
- 1 ½ tl soola
- 1 muna
- 2 spl mandlivõid
- 5 spl piima
- Soovi korral guajaavpasta

JUHISED:

a) Eelsoojendage ahi temperatuuril 420 kraadi F ja määrige küpsetuspann võiga. Sega sobivas segamiskausis maniokkijahu, maisijahu (masa), suhkur, küpsetuspulber ja juustud. Blenderdamiseks sega kõik kokku. Maitse segu ja maitsesta soolaga. Soola ühtlaseks jaotumiseks sega kõik koostisosad segamisnõus kokku.
b) Sega segamisnõus muna ja või. Segage koostisosad sõrmeotste abil põhjalikult. Lisa korraga neli supilusikatäit piima, segades pärast iga lisamist korralikult läbi, kuni tainas kokku tuleb. Piima on vaja rohkem, kui tainas väikeseks palliks vormides mureneb.
c) Lisa aeglaselt, lusikahaaval piima, kuni tainas on kokku tulnud ja palliks vormides ei pudene. Jagage ettevalmistatud tainas 16 ossa, rullige igaüks palliks ja asetage see ettevalmistatud ahjuplaadile. Küpseta ligi 20 minutit kuldpruuniks.
d) pandebono valmistamiseks toimige järgmiselt. Vormige taignast pall ja suruge see pöidlaga alla, et tekiks keskele väike süvend.
e) Viige tainas kokku väikese guajaavpasta kuubiku (1 tolli) ümber, näpistage õmblust, et see tihendada. Rullige tainas uuesti palliks ja asetage see ahjuplaadile.
f) Küpseta 17-20 minutit või kuni pruunistumiseni.
g) Pandebono rõnga tegemiseks toimige järgmiselt. Veeretage iga pall käsitsi kuuetolliseks köieks. Ringi moodustamiseks viige kaks serva kokku. Hea tiheduse tagamiseks vajutage tugevasti. Küpseta 15-17 minutit küpsetusplaadil kuldpruuniks. Serveeri.

6.Colombia purustatud roheline jahubanaan

KOOSTISOSAD:
- 4 rohelist jahubanaani, kooritud ja viilutatud
- 2 supilusikatäit võid
- 1 supilusikatäis õli
- 1 tass hakitud sibulat
- 2 sibulat hakitud
- 2 kuubikuteks lõigatud tomatit
- 3 küüslauguküünt hakitud
- ½ tl jahvatatud achiote
- Sool ja pipar, maitse järgi
- Avokaado, serveerimiseks
- Riivitud juust, serveerimiseks
- Serveerimiseks praetud või munapuder

JUHISED:
a) Küpseta, kuni rohelised banaanid või jahubanaanid on pehmed. Kurna ja püreesta kartulid. Asetage sibul, tomatid, või, punane paprika, küüslauk ja achiote keskmisel kuumusel sobivale pannile.
b) Küpseta umbes 7 minutit, enne kui lisad jahubanaanipüreele ja jätad kõrvale.
c) Serveerimiseks raputa peale praetud muna, riivitud cheddar ja avokaado kuubikuteks.

7. Arepa Boyacense

KOOSTISOSAD:
- 2 tassi kollast eelküpsetatud maisijahust masarepat
- 5 spl universaalset jahu
- 1 ½ tassi kuuma vett
- ½ tassi piima
- ¼ teelusikatäit soola
- 2 spl suhkrut
- 3 spl pehmet võid
- 2 tassi queso fresko Colombia quesito, murendatud

JUHISED:
a) Segage masarepa , jahu, vesi, piim, sool, suhkur ja või sobivas segamisnõus. Sõtku kolm minutit kätega, niisutades neid samal ajal veega. Vormi tainast 12 pisikest pallikest.
b) Asetage iga pall kahe kilekoti või pärgamentpaberi vahele ja tasandage tasase potikaanega umbes ⅛-tollise paksuseni.
c) Pooled masa ringidest tuleks täita juustuga ja teisele poolele tuleks lisada teine taignaring. Tihendage arepade servad sõrmedega, et juust välja ei valguks . Sulata mittenakkuval pannil keskmisel kuumusel või.
d) Asetage ettevalmistatud arepad pannile ja küpseta kolm minutit mõlemalt poolt või kuni need moodustavad kooriku.

8.Arepa munaga täidetud

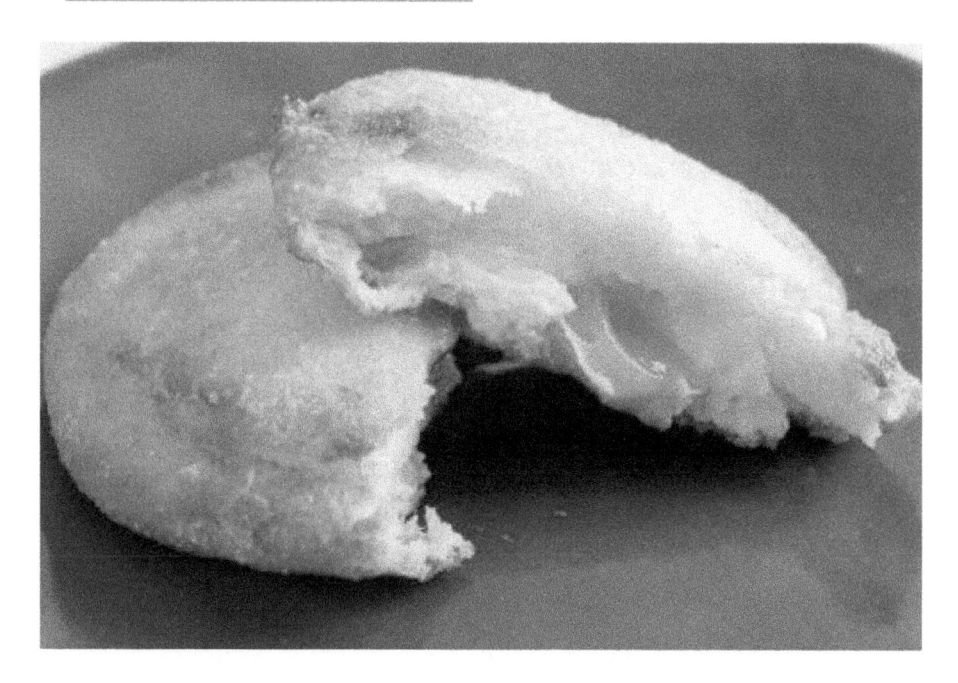

KOOSTISOSAD:
- 1 tass kollast masarepat või eelküpsetatud maisijahu
- ½ tl soola
- ½ tl suhkrut
- 1 tass sooja vett
- Taimeõli, praadimiseks
- 4 muna

JUHISED:
a) Lisage õli sobivasse fritüüri ja kuumutage temperatuurini 350 kraadi F. Segage masarepa kausis soola, suhkru ja veega.
b) Jagage ettevalmistatud tainas neljaks osaks ja rullige igaüks ¼ tolli paksuseks ringiks.
c) Prae neid kuni kuldpruunini. Klopi kausis lahti munad. Aseta iga arepa sobivasse ramekiini ja vala igasse arepa taskusse üks muna.
d) Küpseta neid kolm minutit mikrolaineahjus ja serveeri.

9.Munad tomatite, paprikate ja sibulaga

KOOSTISOSAD:
- 8 suurt muna
- 1 näputäis soola
- 1 spl oliiviõli
- 4 sibulat, viilutatud
- 2 keskmist paprikat, seemnetest puhastatud ja kuubikuteks lõigatud
- 2 keskmist tomatit, seemnete ja kuubikutega
- 2 küüslauguküünt

JUHISED:
a) Vahusta munad näpuotsatäie soolaga korralikult lahti. Soovite neid korralikult vahustada, kuna rohkem õhku munades annab kohevama ja kergema lõpptoote. Sobival pannil kuumuta õli keskmisel kuumusel (mittenakkuv või hästi maitsestatud malmtöödeldud hästi).
b) Prae sibulat ja paprikat paar minutit.
c) Lisage tomatid ja küüslauk ning jätkake praadimist veel kaks minutit, aeglaselt segades, et vältida tomatite purustamist. Vähendage selle kuumust sobivale või madalale seadistusele. Maitsesta pannil näpuotsatäie soola abil köögiviljad.
d) Kummuta munad köögiviljadele ja klopi ettevaatlikult sisse. Kui munad on just tahenenud (umbes kaks minutit), eemaldage kõik pannilt ja serveerige kohe koos mustade ubade, juustu, arepade ja kuuma šokolaadiga!

10.Krepid juustuga

KOOSTISOSAD:
- ⅓ tassi jahu
- 1 näputäis soola
- 3 spl vett
- Või, määrimiseks
- ½ tassi mozzarella juustu, tükeldatud

JUHISED:
a) Sega jahu kausis soola ja veega ühtlaseks massiks. Pane võiga määritud pann keskmisele kuumusele.
b) Vala sinna jahutainas, aja laiali ja küpseta üks-kaks minutit mõlemalt poolt.
c) Tõsta krepp sobivale taldrikule ning tõsta peale või ja juust. Voldi see krepp kokku ja serveeri.

11. Colombia röstsai

KOOSTISOSAD:

- ¼ tassi suhkrut
- 1 spl kaneeli
- 3 tassi piima
- 4 muna
- 1 päts prantsuse leiba, viilutatud
- Õli, praadimiseks

JUHISED:

a) Sega taldrikul kaneel ja suhkur. Klopi ühes kausis lahti munad ja teise lisa piim.
b) Asetage õliga määritud pann. Kastke leib piima sisse, määrige munaga ja küpseta 2-3 minutit mõlemalt poolt.
c) Tõsta prantsuse röstsai paberrätikuga vooderdatud taldrikule. Raputa peale kaneelisuhkrut. Serveeri.

12.Kookosmuna muffinid

KOOSTISOSAD:
- 1 tl võid
- 1 tl valget suhkrut
- 1 (14 untsi) võib kondenspiima magustada
- ½ tassi magustamata hakitud kookospähklit
- 2 muna
- 1 näputäis Parmesani juustu, riivitud

JUHISED:
a) Eelsoojendage ahi temperatuuril 350 kraadi F. Määri sobiv minimuffiniplaat võiga ja määri suhkruga; Klopi kausis lahti munad juustu, kookospähkli ja piimaga.
b) Vala see segu muffinitopsidesse.
c) Asetage see kandik röstimispannile ja lisage vett kuni ühe tolli ulatuses sellest pannist. Küpseta 10 minutit ja seejärel lase vanillikastetopsidel jahtuda. Serveeri.

EELROID JA SUUNID

13.Singi- ja kartulikroketid

KOOSTISOSAD:
- 2 tl soola
- 2 naela. kollastest kartulitest
- 2 spl koort
- 2 spl võid
- Värskelt jahvatatud must pipar, maitse järgi
- 2 spl riivitud Parmesani juustu
- 2 suurt munakollast
- ½ tassi riivitud Cheddari juustu
- ¾ tassi keedetud sinki, tükeldatud
- 2 suurt muna
- 2 spl vett või piima
- 1 tass panko riivsaia
- 1 tass universaalset jahu
- 2 tl peterselli, hakitud

JUHISED:
a) Täida sobiv pott poolenisti külma veega ning lisa kartulid ja kaks teelusikatäit soola.
b) Kuumuta vesi keemiseni, seejärel kata kaanega ja keeda, kuni kartul on kahvliga torkamisel pehme, umbes 20 minutit. Nõruta pärast tulelt võtmist kurnis. Koorige kartulid ja asetage need sobivasse segamisnõusse, kui need on käsitsemiseks piisavalt jahtunud.
c) Püreesta keedetud kartulid koore ja võiga segades. Tükkide eemaldamiseks lase läbi kartuliriistamismasin või klopi labakinnitusega saumikseriga ühtlaseks massiks. Maitse järgi maitsesta soola ja pipraga.
d) Sega kaussi parmesan, munakollased ja riivitud juust. Pange kartulisegu külmkappi, kuni see on täielikult jahtunud. Asetage peopessa umbes ¼ tassi kartulisegu. Asetage sisse mitu viilu kuubikuteks lõigatud keedetud sinki ja tasandage see õrnalt. Murra kartulid singi peale, et see korralikult kataks, seejärel vormi piklik krokett.
e) Korrake ülejäänud kartuliseguga. Klopi madalas kausis kahvliga lahti kaks muna, üks kuni kaks supilusikatäit vett või piima. Sega

väikeses kausis riivsai, jahu ja petersell; maitsesta musta pipra ja soolaga.
f) Süvendage kroketid jahu/riivsaia segusse pärast seda, kui olete need munasegusse kastnud ja lasknud üleliigsel maha kukkuda. Jätkake ülejäänud krokettidega.
g) kõikjalt kuldpruuniks .
h) Tõsta kroketid lusikaga õlist välja ja nõruta paberrätikutel. Serveeri.

14. Grillitud juust leival

KOOSTISOSAD:
CHIMICHURRI
- ½ tassi hakitud peterselli
- 1 spl hakitud värsket pune
- 2 või 3 küüslauguküünt, hakitud
- ½ tassi oliiviõli
- Must pipar ja sool, maitse järgi
- Suur näputäis purustatud punast pipart
- 1 spl punase veini äädikat
- 2 spl külma vett

JUUST
- 8 untsi provolone juust, viilutatud vähemalt 1 tolli paksuseks
- 1 spl hakitud värsket pune või 1 tl kuivatatud
- ½ tl purustatud punast pipart
- 1 baguette, viilutatud ½-tollisteks ringideks, soovi korral röstitud

JUHISED:
a) Sega väikeses kausis petersell, pune, küüslauk, oliiviõli, must pipar ja sool, purustatud punane pipar, äädikas ja vesi. Tõsta mõneks minutiks kõrvale, et maitsed seguneksid. Kastme saab valmistada kuni tund aega ette. Kuumuta väike malmpann keskmisel kuumusel.
b) Asetage juust kuumutatud pannile. Lisa pool punest ja näputäis purustatud punast pipart. Küpseta 2 minutit või kuni panni põhi hakkab pruunistuma.
c) Küpseta veel peaaegu 3 minutit, kuni teine pool on pruunistunud ja juust hakkab lekkima, keerates juustu ettevaatlikult spaatliga ümber. Aseta juust vaagnale ja tõsta peale ülejäänud koostisosad.
d) Puista järelejäänud pune ja purustatud punane pipar vaagnale juustu peale. Serveeri kohe koos leiva ja chimichurri kõrvale.

15. Chicharrones

KOOSTISOSAD:
- 1 nael sealiha kõht, nahk peal
- Vesi katmiseks
- Sool ja pipar, maitse järgi
- 2 tl söögisoodat

JUHISED:

a) Kõhu ettevalmistamiseks segage söögisoodat ühe teelusikatäie soolaga ja kandke see kogu nahale, jälgides, et segu oleks ühtlaselt jaotunud. Asetage sealiha restile kaaneta külmikusse vähemalt tunniks, kuid eelistatavalt üleöö ja kuni üheks päevaks.

b) Loputage kõhtu järgmisel päeval külma veega ja kuivatage. Lõika umbes ⅓-tollise paksusega ühetollisteks segmentideks. Asetage kõik kõhutükid vokki, kus on piisavalt vett, et liha oleks kaetud. Vähendage selle kuumust madalale tasemele.

c) Sõltuvalt teie sea niiskustasemest eemaldage kõhurasv aeglaselt kahe kuni nelja tunni jooksul. Pöörake lihatükke iga poole tunni järel. Vähendage selle kuumust miinimumini. Vesi hakkab esmalt meenutama sealihapuljongit, kuid aja möödudes vesi aurustub, jättes pannile ainult rasva.

d) Keera kuumus kõrgeks ja jälgi tähelepanelikult kõhutükke, kui need peki sees praadivad, kuni pannile jääb vaid vedel rasv. See viimane friteerimisetapp peaks kesta kolm kuni viis minutit.

e) Tõsta chicharrones paberrätikutega vooderdatud taldrikule, et lusikaga liigne rasv maha tõmmata. Riputa peale omal valikul soola ja maitseaineid. Chicharrones püsivad kaua krõbedad .

16. Yuca-kookose kook

KOOSTISOSAD:
- 2 naela. värske yuca, kooritud ja riivitud
- 4 untsi queso fresco juust, hakitud
- 1 tass riivitud värsket kookospähklit
- ¾ tassi suhkrut
- ¾ tassi heledat kookospiima
- 1 spl võid, sulatatud
- 2 tl aniisi, purustatud
- 1 tl vaniljeekstrakti
- Natuke soola
- Toiduvalmistamise pihusti

JUHISED:
a) Kuumuta ahi 350 kraadi F juures ja kuumuta 10-tollist malmpanni 10 minutit.
b) sobivas segamisnõus kokku esimesed üheksa koostisainet. Piserda ettevalmistatud pannile keedusprei ja vala sinna yuca segu, siludes ühtlaseks.
c) Küpseta ligi kaks tundi, kuni kook on pigistades kergelt rulljas ja pealt krõbe. Koogi lahti saamiseks lükake noaga ümber panni külje.
d) Lõika iga viil kaheksaks tükiks. Enne serveerimist soojendage rooga. Hoidke kooki tihedalt kaetult külmkapis kuni neli päeva.

17.Colombia Patacones

KOOSTISOSAD:
- 3 rohelist jahubanaani
- 1 tass õli
- ½ tl soola

JUHISED:
a) Rohelised jahubanaanid tuleks koorida ja lõigata umbes 2 sõrme paksusteks viiludeks. Kuumuta oma pannil või pannil õli.
b) Lisa lõigatud jahubanaanid kuumale õlile ja küpseta umbes 10 minutit või kuni need on igast küljest pruunid.
c) Praetud jahubanaanist liigse õli väljavoolu hõlbustamiseks lisage paberile veidi käsipaberit. Kui jahubanaanid on küpsetamise lõpetanud, asetage need vooderdatud vaagnale.
d) Seejärel lame jahubanaanid kartulipudruga kettaks ja maitsesta soolaga.
e) Kasutage pataconera, mis on ainulaadne tööriist, mida Kolumbias kasutatakse praetud jahubanaanide lamendamiseks. Kasutage kahvlit või madala kausi põhja, kui teil pole pataconera või kartulimasinat. Nautige.

18. Colombia juustu-arepa pallid

KOOSTISOSAD:
- Taimeõli, praadimiseks
- 2 tassi eelküpsetatud maisijahu
- 2 tassi sooja vett
- 1 tass riivitud mozzarella juustu
- ¼ tassi riivitud parmesani juustu
- Näputäis soola

JUHISED:
a) Segage maisijahu, soe vesi, juust ja sool, kuni see on täielikult segunenud.
b) Laske seitsme minuti pikkune puhkeaeg. Sõtku kolm minutit kätega, niisutades neid samal ajal sooja veega. Tee taignast 24 pisikest pallikest.
c) Kuumutage sobivas mittenakkuvas pannil õli keskmisel kuumusel ja küpsetage arepasid kahe või kolme kaupa, keerates üks kord, kuni kuldpruuniks, umbes kolm minutit mõlemalt poolt. Paberrätikute abil image liigne vedelik.

19. Küpsed jahubanaanid Empanadas juustuga

KOOSTISOSAD:
- 4 väga küpset jahubanaanid
- 1 muna
- 2 spl võid
- 3 spl universaalset jahu
- ½ tl vaniljeekstrakti
- 1 spl suhkrut
- 1 tass riivitud mozzarella juustu
- Õlisprei, toiduvalmistamiseks

JUHISED:
a) Jahubanaanid tuleks pesta ja pooleks lõigata. Küpseta keskmisel-kõrgel kuumusel, naha peal, sobivas kastrulis veega, kuni jahubanaanid on pehmed ja küpsed, umbes 10 minutit. Pehme koosluse saamiseks koori ja purusta keedetud jahubanaanid kahvli või kartulipudrunuga. Laske 5-minutiline puhkeaeg.

b) Sega muna, või, jahu, vaniljeekstrakt ja suhkur, kuni see on korralikult segunenud. Vormi tainas palliks ja tõsta 20 minutiks toatemperatuurile seisma. Vormi jahubanaanitainast 12 palli ja lappi igaüks peopesaga kettaks.

c) Asetage juust keskele, murrake see pooleks ja vajutage servade sulgemiseks sõrmede või kahvliga, et servi tihendada, et juust ei sulaks. Ahjupannile piserda õli või mähi vahapaberiga. Eelsoojendage ahi temperatuuril 400 kraadi F.

d) Asetage ettevalmistatud empanadad küpsetusplaadile ja küpsetage umbes 15 minutit, seejärel pöörake neid ja küpsetage veel 15 minutit või kuni pruunid. Enne serveerimist soojendage.

20. Kana kroketid

KOOSTISOSAD:
- 1 ½ naela kondita kanarinda
- 5 tassi kanapuljongit
- 1 porgand, poolitatud
- 2 keskmist sibulat
- 2 loorberilehte
- 8 untsi toorjuust, pehmendatud
- 1 laim, mahl
- 2 küüslauguküünt
- 2 spl võid
- Sool, maitse järgi
- Pipar, maitse järgi
- 3 ½ tassi universaalset jahu
- 2 suurt muna
- 3 tassi peent riivsaia
- Taimeõli praadimiseks

JUHISED:

a) Lisa pannile kana, puljong, porgand, sibul ja loorberilehed ning küpseta 20 minutit. Kurna ja hoia kana ja puljong eraldi. Tükelda kana ja sega kausis toorjuustuga.

b) Prae sibulat ja küüslauku kahe supilusikatäie võiga pannil viis minutit. Lisage kolm ja pool tassi puljongit ja keetke.

c) Seejärel lisage kolm ½ tassi jahu ja segage hästi kolm minutit, kuni saadakse ühtlane tainas.

d) Valmistatud tainal lase jahtuda. Võtke üks ½ sl jahutainast pihku, rullige see palliks ja suruge seejärel peopesale.

e) Lisa keskele kaks teelusikatäit kanatäidist ja rulli ettevalmistatud tainas uuesti palliks. Korrake samu samme ülejäänud taigna ja täidisega.

f) Klopi munad ühte kaussi ning sega taldrikul riivsai musta pipra ja soolaga. Seadke sügav pann õliga keskmisele kuumusele ja laske sellel soojeneda 350 kraadini F.

g) Kastke iga taignapall munadesse, katke riivsaiaga ja praege viis minutit kuni kuldpruunini. Serveeri.

21.Colombia jahubanaan Nachos

KOOSTISOSAD:

- 3 rohelist jahubanaani
- Taimeõli, praadimiseks
- 1 tass cheddari juustu, tükeldatud
- 1 tass Monterey jacki juustu, hakitud
- ¼ tassi hakitud sibulat
- ¼ tassi kuubikuteks lõigatud tomateid
- ¼ tassi viilutatud kalamata oliive
- ¼ värsket koriandrit, hakitud
- Guacamole, serveerimiseks

JUHISED:

a) Koori jahubanaanid ja lõika terava noaga õhukesteks viiludeks ; mida õhem, seda parem. Valage sobivale pannile nii palju taimeõli, et jahubanaanilaastud oleks täielikult kaetud .

b) Prae ettevalmistatud jahubanaanid kuumas õlis mõlemalt poolt kuldseks, aeg-ajalt ümber pöörates. Üleliigse õli imamiseks nõruta paberrätikul.

c) Maitsesta musta pipra ja soolaga, seejärel tõsta vaagnale. Nachode valmistamiseks alustage nende kokkupanemisest järgmiselt: Laotage ahjukindla plaadi põhjale üks kiht jahubanaanilaaste. Tõsta peale cheddari ja Monterey jacki juustu segu.

d) Juustu peale puista kuubikuteks hakitud talisibul. Rohkemate kihtide tegemiseks korrake ülejäänud jahubanaanilaastude, juustu ja sibulaga. Kuumuta ahi 350 kraadi Fahrenheiti järgi.

e) Küpseta peaaegu 10 minutit või kuni juust on täielikult sulanud. Eemaldage pann ahjust ja lisage kuubikuteks lõigatud tomatid, oliivid ja koriander. Kõrvale serveeritakse guacamole'i . Nautige!

22.Mini Arepa pitsad

KOOSTISOSAD:
- 1 tass sooja vett
- 1 tass eelküpsetatud valget maisijahu
- 1 tass riivitud mozzarella juustu
- 1 spl võid
- ½ tl soola või maitse järgi
- Toiduvalmistamise pihusti
- Lisandid
- ½ tassi pitsakastet
- 1 sibul, julieneeritud
- 2 magusat rohelist paprikat, julieneeritud
- 1 tass röstitud kana, tükeldatud
- 1 tass Mozzarellat, hakitud
- 4 spl värsket koriandrit, hakitud

JUHISED:
a) Segage sobivas segamiskausis vesi, maisijahu, mozzarella juust, või ja sool. Sõtku, kuni ettevalmistatud tainas on hästi segunenud ja on pehme konsistentsiga. Vormi keskmised apelsinisuurused pallid ja aseta need kahe kilelehe vahele.
b) Rulli taignarulliga sobivaks paksuseks. Lõika tainas teraviljanõu või joogiklaasi huulte allapoole kasutades läbi kilega ringid. Eemaldage ettevalmistatud taignalt kile ja visake see ära. Kuumutage küpsetusplaat keskmisel kuumusel, pihustades seda keedupritsiga.
c) Grilli arepasid umbes viis minutit mõlemalt poolt või kuni need on kuldpruunid. Jaga lisandid arepade peale ja prae neid viis minutit. Serveeri kohe.

23.Kartuli sõõrikud

KOOSTISOSAD:

- 1,4 untsi soolata või
- 12 untsi. kartulid, kooritud ja kuubikuteks lõigatud
- 12 ½ untsi. universaalne jahu
- 2 tl küpsetuspulbrit
- 1 tl soola
- ½ tl söögisoodat
- ½ tl jahvatatud muskaatpähklit
- 4,6 untsi suhkur
- 2 suurt muna
- 2 untsi täispiim
- 2 untsi kultiveeritud madala rasvasisaldusega petipiim, hästi loksutatud
- 1 ½ tl vaniljeekstrakti
- Tolmutamiseks tuhksuhkur või kaneelisuhkur
- 2 liitrit rafineeritud kookosõli

JUHISED:

a) Asetage kartulid 3-liitrisesse kastrulisse 1 liitri külma veega, nii palju, et need kataks. Kuumuta kõrgel kuumusel keemiseni, seejärel alanda madalale kuumusele, et kaste püsiks madalal kuumusel. Keeda umbes 10 minutit, kuni kartul on pehme.

b) Nõruta kartulid kurnas, seejärel loputa 30 sekundit kuuma jooksva vee all, et eemaldada liigne tärklis. Tõsta nõrutatud kartulid tagasi kastrulisse, mis on nüüd tühi.

c) Küpseta kastrulit pidevalt raputades, kuni kartuli pinnaniiskus on aurustunud, umbes üks minut.

d) Lase kartulid läbi riisipressi või toiduveski ja laota need ääristatud küpsetusplaadile ühtlaselt jahtuma. Sega hulka ülejäänud taigna koostisained, seejärel sega korralikult läbi. Sõtkuge see tainas ja rullige see ½ tolli paksuseks plaadiks.

e) Lõika taignast kolm tolli ringid ja lõika sõõrikute keskele auk. Asetage ettevalmistatud sõõrikud rasvainega määritud ahjuplaadile ja katke need lõdvalt kileplaadiga.

f) Jätke need sõõrikud üheks tunniks kerkima.

g) Lisa fritüüri pannile õli ja kuumuta 350 kraadini F. Prae sõõrikud kuldpruuniks. Tõsta praetud kartulisõõrikud paberrätikuga vooderdatud taldrikule. Serveeri.

24. Aborrajados

KOOSTISOSAD:
- 2 küpset jahubanaani, must ja kollane
- ½ tassi riivjuustu
- 2 suurt muna
- 4 spl universaalset jahu
- 2 spl suhkrut
- ½ tl söögisoodat
- ½ tl soola
- 1 kuni 2 supilusikatäit piima
- 6 tassi taimeõli, praadimiseks

JUHISED:
a) Eelsoojendage õli temperatuurini 360 kraadi Fahrenheiti. Eemaldage jahubanaanide otsad ja viilutage seejärel mitu korda pikuti läbi naha, et see eemaldada. Jahubanaanid tuleks viilutada risti ühe ja ½ tolli paksusteks tükkideks.
b) Küpseta õlis peaaegu neli minutit kuldpruuniks.
c) Paberrätikutel nõruta jahubanaanitükid. Asetage iga jahubanaaniviil kahe vahatatud paberi vahele, kui need on käsitsemiseks piisavalt külmad, ja tasandage need klaasi tasase põhjaga umbes ¼ tolli paksuseks. Asetage üks kuni kaks supilusikatäit riivjuustu, mis on asetatud kahe jahubanaaniviilu vahele, surudes äärtest kokku, et juust kinnituks.
d) Korrake sama ülejäänud jahubanaaniviiludega. Sega kaussi jahu, suhkur, söögisooda ja sool. Sega sobivas segamiskausis munad ja piim nii palju, et tekiks paks tainas. Segage, kuni kõik on täielikult segunenud. Määrige jahubanaani võileivad taignaga, seejärel pange need partiidena õlisse, et praadida kuldpruuniks.
e) Kasutage paberrätikuid, image liigne vedelik ja serveerige soojalt.

SALATID JA KÕRVALTOIDUD

25. Kolumbia rohelise kapsa salat

KOOSTISOSAD:
- 4 supilusikatäit valget äädikat
- 2-3 laimi mahl
- 1 tl valget granuleeritud suhkrut
- Näputäis köömneid
- Sool ja must pipar, maitse järgi
- ½ pea rohelist kapsast, hakitud
- 2-3 keskmist tomatit, viilutatud
- ½ keskmist porgandit, tükeldatud
- ¼ tassi koriandrit, tükeldatud

JUHISED:
a) Kastme valmistamiseks vahustage esimesed viis koostisosa väikeses vormis. Alustage kahe laimi mahlaga ja seejärel lisage kolmanda laimi mahl, kui soovite suuremat laimimaitset.
b) Viska kapsas, tomatid, porgand ja koriander sobivasse segamisnõusse.
c) Viska veel kord peale kaste, et kõik koostisosad oleksid korralikult kaetud.
d) Enne serveerimist hoia salat kilega kaetult 30-60 minutit külmkapis.

26.Colombia salat

KOOSTISOSAD:
- 8 untsi beebispinat ja lehtkapsas
- 1 tass salsat
- 1 punane sibul, viilutatud
- 1 pakk magusaid tomateid, loputatud
- 1 tass fetajuustu

JUHISED:
a) Sega salatikausis pool spinatist ja lehtkapsast.
b) Nirista salsat salatile, kuid ära sega seda sisse.
c) Salatile tuleks lisada punase sibula viilud, viilutatud tomatid ja fetajuust. Viska ülejäänud rohelised kastmesse katmiseks. Maitsesta maitse järgi soola ja pipraga.

27.Colombia kartulisalat

KOOSTISOSAD:
- 2 naela. punased kartulid, keedetud, kooritud ja kuubikuteks lõigatud
- 3 suurt porgandit, kooritud, kuubikuteks lõigatud
- ½ tassi hakitud punast sibulat
- ½ tassi hakitud koriandrit
- 3 suurt tomatit, tükeldatud

RIIDEMINE
- ⅓ tassi veiniäädikat
- 1 spl õli
- 1 tl maitsesoola
- 1 tl suhkrut
- ¼ tl musta pipart

JUHISED:
a) Sega sobivas segamiskausis kartulikuubikud, porganditükid, hakitud sibul ja koriander.
b) Vispelda kastme ained väikeses kausis korralikult läbi ja vala salatikomponentidele.
c) Viska tomatitükid ülejäänud salatiga õrnalt läbi.
d) Lase maitsetel külmkapis sulada.

28. Colombia marineeritud porgandi- ja peedisalat

KOOSTISOSAD:

- 4 keskmist peeti
- Sool, maitse järgi
- 4 keskmist porgandit, kooritud ja viilutatud
- 1 tass maisiterad
- ½ tassi palmi südameid, konserveeritud, viilutatud
- ½ väikest valget sibulat, viiludeks viilutatud
- 3 supilusikatäit hakitud värsket peterselli
- 2 spl oliiviõli
- 3 supilusikatäit destilleeritud valget äädikat
- 1 laim, mahl
- ¼ tl jahvatatud köömneid
- ¼ tl musta pipart

JUHISED:

a) Aseta peedid sobivasse kastrulisse, kata veega ja soovi korral maitsesta soolaga.
b) Kata kaanega ja keeda kõrgel kuumusel, seejärel alanda kuumust ja hauta peaaegu 15-30 minutit või kuni köögiviljad on küpsed.
c) Nõruta ja tõsta kõrvale jahtuma. Samal ajal katke porgandid teise keskmise suurusega potti veega. Katke ja keetke kõrgel kuumusel, seejärel alandage madalal kuumusel ja jätkake küpsetamist peaaegu 15 minutit. Nõruta ja tõsta kõrvale jahtuma.
d) Koori ja viiluta peedid ning sega seejärel teiste koostisosadega.

29. Läätsede, rukola, mango ja kinoa salat

KOOSTISOSAD:
- 1 tass keedetud kinoat
- 1 tass keedetud läätsi
- 6 tassi rukola lehti
- 1 suur mango kooritud ja kuubikuteks lõigatud
- 1 avokaado kooritud ja kuubikuteks lõigatud
- ½ viilutatud punast sibulat
- ½ Inglise kurki kuubikuteks
- Sool ja must pipar, maitse järgi

RIIDEMINE
- 1 tl valget äädikat
- 1 spl sidrunimahla
- 3 spl laimimahla
- 4 supilusikatäit oliiviõli
- ¼ tl jahvatatud köömneid
- ¼ tassi hakitud koriandrit
- Sool ja must pipar, oma maitse järgi

JUHISED:
a) Kui kinoa on jahtunud, segage see ülejäänud koostisosadega. Maitse ja vajadusel lisa soolaga.
b) Sega väikeses kausis kõik kastme koostisosad ja sega salatiga.
c) Viska kahvliga läbi ja serveeri toatemperatuuril või jahutatult.

30.Avokaado ja tomati salat

KOOSTISOSAD:

SALAT
- 2 suurt küpset tomatit, viilutatud ¼-tollise puugiga
- ½ väikest punast sibulat, viilutatud
- 1 inglise kurk, viilutatud
- 2 väikest avokaadot, tükeldatud

RIIDEMINE
- 2 laimi
- 3 supilusikatäit valget äädikat
- 1 spl oliiviõli
- Sool ja must pipar, maitse järgi
- 2 supilusikatäit värsket hakitud koriandrit

JUHISED:

a) Vahusta oliiviõli, äädikas, pipar, sool, laimimahl ja koriander väikeses kausis ning tõsta kõrvale.

b) Aseta pool tomativiiludest sobivale vaagnale, lao peale pooled sibulad, pooled kurgiviilud ja pooled avokaadoviilud ning korda samamoodi, et tekiks peale teine kiht. Serveeri kastmega.

31.Tomat ja palmisalati südamed

KOOSTISOSAD:

- 2 (14 untsi) purki palmisüdameid, nõrutatud ja viilutatud
- 1 keskmine tomat, tükeldatud
- ½ väikest sibulat, viilutatud
- 2 kevadist sibulat, hakitud
- 3 supilusikatäit oliiviõli
- 2 tl värsket laimimahla
- ¼ teelusikatäit soola
- 1 näputäis musta pipart

JUHISED:
a) Sega salatikausis palmi südamed ülejäänud koostisosadega. Serveeri.

32. Colombia tomatisalaat

KOOSTISOSAD:
- 5 tomatit, tükeldatud
- ½ inglise kurki, neljaks lõigatud ja viilutatud
- 1 punane paprika, seemnetest puhastatud ja kuubikuteks lõigatud
- ½ tassi sibulat, tükeldatud
- ½ tassi värsket peterselli, hakitud
- ¼ tassi laimimahla
- ¼ tassi oliiviõli
- ¼ tassi rohelist sibulat, tükeldatud
- ¼ tassi värsket koriandrit, hakitud
- 2 spl siidri äädikat
- Sool ja must pipar, maitse järgi

JUHISED:
a) Viska tomatid koos ülejäänud koostisosadega salatikaussi.
b) Serveeri.

33.Kinoa, krevettide ja chimichurri salat

KOOSTISOSAD:
- 1 spl oliiviõli
- 2 tassi kinoat
- 4 tassi vett
- Sool, maitse järgi
- 2 tassi viinamarjatomateid, neljaks lõigatud
- 1 nael keedetud krevette
- Sool ja must pipar, maitse järgi
- ½ tassi chimichurri kastet

JUHISED:
a) Pese kinoa peenest sõelast. Aja vesi, sool ja kinoa sobivas potis keema. Vähendage kuumust ja jätkake küpsetamist umbes 20 minutit või kuni kogu vesi on imendunud.
b) Sega kõik salati retsepti koostisosad sobivas kausis ja tõsta kõrvale. Serveerige keedetud kinoa koos ülejäänud koostisosadega.

SUPID JA HAUTUSED

34.Colombia muna- ja piimasupp

KOOSTISOSAD:
- 4 tassi piima
- 2 tassi vett
- 4 muna
- ½ tassi hakitud värsket koriandrit
- 3 sibulat hakitud
- Sool ja pipar, maitse järgi
- Leib võiga, serveerimiseks

JUHISED:
a) Aja sobivas potis piim ja vesi keema.
b) Küpseta kolm minutit sibula, soola ja pipraga.
c) Alanda kuumust keskmisele ja löö munad ettevaatlikult pannile lahti.
d) Enne koriandri lisamist laske munadel kolm minutit küpseda. Serveeri soojalt, leiva kõrvale ja värske koriandriga.

35.Sopa De Lentejas Con Carne

KOOSTISOSAD:
- 1 tass aliñose kastet
- 2 suurt porgandit, kooritud ja kuubikuteks lõigatud
- Sool ja must pipar maitse järgi
- 1 nael veiseliha, tükeldatud
- ½ naela läätsi, korjatud ja loputatud
- 8 tassi veiselihapuljongit
- ½ tl jahvatatud achiooti või värvi
- 1 tl jahvatatud köömneid
- 3 keskmist valget kartulit, kooritud ja kuubikuteks lõigatud
- ¼ tassi hakitud värsket koriandrit

JUHISED:
a) Segage potis aliose kaste, porgand, liha, läätsed, puljong, achiote ja köömned.
b) Kuumuta segu pliidiplaadil kõrgel kuumusel keemiseni.
c) Alandage kuumust madalaks, katke kaanega ja hautage 35–40 minutit või kuni liha ja läätsed on küpsed. Vajadusel lisa veel vett. Viska sisse kartulid.
d) Küpseta peaaegu 25-30 minutit või kuni kartulid on küpsed. Pärast hakitud koriandri lisamist maitsestage maitse järgi soolaga. Serveeri valge riisi kõrvale.

36. Sopa De Patacones

KOOSTISOSAD:
- 8 tassi veiselihapuljongit
- 1 spl rapsiõli
- 1 tass tükeldatud sibulat
- 3 küüslauguküünt, hakitud
- 3 sibulat, hakitud
- ½ tassi punast paprikat, tükeldatud
- Sool ja pipar, teie maitse järgi
- ½ tl jahvatatud köömneid
- ¼ tl jahvatatud achiote
- 12 keedetud patacones praetud rohelised jahubanaanid
- ¼ värsket koriandrit, kaunistuseks

JUHISED:
a) Kuumutage sobivas potis õli keskmisel kuumusel ja lisage sibul, küüslauk, sibulad, paprika, köömned ja achiote . Keeda viis minutit, sageli segades.
b) Keeda samas potis veisepuljong keemiseni. Alandage kuumust keskmisele madalale ja jätkake küpsetamist veel 20 minutit.
c) Lisa patakoonid ja hauta tasasel tulel umbes 10-15 minutit, aegajalt segades, et patakoonid ei puruneks .
d) Serveeri kuumutatult koos koriandri lisandiga.

37.Sancocho de Gallina

KOOSTISOSAD:
- 3 värsket maisikõrvast, lõigatud 3 tükiks
- 12 tassi vett
- ½ tassi aliñot
- 1 terve suur kana
- 1 tl soola
- 2 rohelist jahubanaani, kooritud ja viilutatud
- 2 kanapuljongikuubikut
- 6 keskmist valget kartulit, kooritud ja poolitatud
- 1 nael külmutatud yuca, kuubikuteks
- ¼ tassi hakitud värsket koriandrit
- ¼ tl musta pipart

JUHISED:
a) Asetage kana, mais, alios, kanapuljong, sool ja roheline jahubanaan sobivasse potti.
b) Kuumuta vesi keemiseni, seejärel alanda kuumust keskmisele ja hauta kaane all 30–35 minutit.
c) Küpseta veel 30 minutit, kuni yuca ja kartul on kahvliga pehmed, lisades vajadusel kartuleid, yucat ja pipart. Lisage koriander ja segage hästi. Maitsesta soola ja pipraga maitse järgi.
d) Serveerige kana ja köögivilju suurtes supikaussides, jagades kana ja köögiviljad ühtlaselt.

38. Mondongo Colombiano

KOOSTISOSAD:
- 1 nael veiseliha, mondongo, tükeldatud
- 1 laimi mahl
- ¼ teelusikatäit söögisoodat
- 1 ½ naela sealiha, tükeldatud
- 3 Colombia chorizot, viilutatud
- 1 tomat, tükeldatud
- 2 sibulat, hakitud
- ¼ tassi valget sibulat, hakitud
- 4 väikest kartulit, tükeldatud
- 1 nael yuca, kuubikuteks lõigatud
- Sool ja pipar, maitse järgi
- ½ tl jahvatatud köömneid
- ¼ teelusikatäit achiote
- ⅓ tassi värsket koriandrit
- 1 küüslauguküüs hakitud

JUHISED:

a) Tripi tuleb pesta soojas vees ja hõõruda laimimahlaga. Segage sobivas potis söögisoodat, paprikat ja nii palju vett, et see oleks kahe tolli võrra kaetud.

b) Keeda keemiseni, seejärel alandage madalal kuumusel ja keetke kaks tundi. Tühjendage vesi triiki küljest ja visake see minema.

c) sobivas kastrulis valmis paprika, sealiha, chorizos, tomat, sibulad, sibul, küüslauk, köömned ja achiote. Keeda keemiseni, seejärel alandage madalal kuumusel ja jätkake pidevat küpsetamist.

d) Umbes 45 minutiks. Kombineerige yuca, koriander ja kartul sobivas segamisnõus. Küpseta veel 30 minutit.

e) Serveerimiseks vala segu kaussidesse ning tõsta peale värske koriandri ja laimiviilud. Serveeri valge riisi, avokaado, banaani ja kuuma kastmega (aj).

39.Lihapalli- ja riisisupp

KOOSTISOSAD:
LIHAPALLID
- 1 nael veisehakkliha
- ½ naela jahvatatud sealiha
- ¼ tl küüslaugupulbrit
- ½ tl sibulapulbrit
- ½ tl jahvatatud köömneid
- 2 lahtiklopitud muna
- ½ tassi masarepat või sarnast maisijahu
- ½ tassi sooja vett
- Sool, maitse järgi

SUPPI
- ½ tassi hakitud sibulat
- 2 küüslauguküünt hakitud
- 1 sibul hakitud
- 2 keskmist tomatit tükeldatud
- ½ tassi hakitud koriandrit
- 2 spl õli
- 8 tassi vett
- 1 veiselihapuljongi tablett
- ½ tl jahvatatud köömneid
- ½ tassi rohelisi ube
- ½ tassi herneid
- ½ tassi hakitud porgandit
- ½ tassi riisi
- ½ tl värvi achiote või sazon goya asafriiniga
- Värske koriander, kaunistuseks
- Avokaado, serveerimiseks

JUHISED:
a) Guiso valmistamiseks kuumuta sobivas kastrulis keskmisel kuumusel õli.
b) Küpseta koos sibulaga umbes viis minutit, enne ülejäänud koostisosade lisamist ja küpseta umbes 10 minutit, aeg-ajalt segades. Eemaldage võrrandist. Kuumuta pott keskmisel kuumusel.

c) sobivas segamiskausis vesi, veisepuljong, jahvatatud köömned, guiso ja achiote . Blenderdamiseks sega kõik kokku. Vähendage kuumust ja jätkake küpsetamist veel 15 minutit. Tee puljongi keemise ajal lihapallid:
d) Kombineerige kõik lihapallide koostisosad sobivasse segamisnõusse ja segage hoolikalt kätega, kuni need on hästi segunenud.
e) Jaga lihasegu käte abil 12 võrdseks osaks ja vormi pallideks. Tõsta lihapallid taldrikule ja tõsta kõrvale. Sega sobivas segamisnõus lihapallid puljongiga kokku.
f) Hauta 20 minutit enne riisi ja köögiviljade lisamist ning jätka keetmist veel 20 minutit.
g) Viska peale värsket koriandrit ja serveeri avokaadoviiludega. Serveeri.

40. Colombia-odra ja sealihasupp

KOOSTISOSAD:
- 1 ½ naela searibi või sealihaluid
- 10 tassi vett
- ½ tassi leotatud otra
- 2 kollast keskmist kartulit, kooritud ja tükeldatud
- 2 punast kartulit, kooritud ja tükeldatud
- ½ tassi hakitud sibulat
- 3 küüslauguküünt
- 2 sibulat, hakitud
- ¼ tassi punast paprikat, tükeldatud
- 1 tl jahvatatud köömneid
- ½ tassi hakitud värsket koriandrit
- ½ tl sazoni goya achiotega
- 1 veiselihapuljongi tablett
- 2 tassi hakitud kapsast
- ½ tassi herneid
- ½ tassi tükeldatud porgandit
- Sool ja pipar, maitse järgi

JUHISED:
a) Sega sobivas köögikombainis kokku sibul, küüslauk, talisibul ja punane paprika. Kuumuta pott keskmisel kuumusel.
b) Keeda vesi, veisepuljong, oder ja searibid keemiseni. Vähendage selle kuumust madalale tasemele. Lisa sibulasegu, maitsesta soola ja pipraga ning kuumuta 50 minutit.
c) Kata kaanega ja keeda veel 25 minutit või kuni liha on valmis, lisades kartulid, kapsas, herned, porgandid, Sazon Goya ja jahvatatud köömned.
d) Serveeri koos koriandriga.

41. Kolumbia stiilis läätsesupp

KOOSTISOSAD:
- 1 tl taimeõli
- 1 tass viilutatud chorizot
- ½ tassi hakitud sibulat
- 1 küüslauguküüs hakitud
- ½ tassi hakitud sibulat
- ½ tassi hakitud tomateid
- 5 tassi vett
- 1 ½ tassi kuivatatud läätsi
- ½ tl soola
- ½ tl pipart
- ½ tassi riivitud porgandit
- ½ tassi hammustavateks tükkideks lõigatud kartulit

CILANTRO KREEM
- ½ tl köömne pulbrit
- ½ tassi rasket koort
- 3 supilusikatäit hakitud värsket koriandrit
- 1 spl värsket laimimahla

JUHISED:
a) Küpseta sobivas potis keskmisel kuumusel chorizot õlis regulaarselt segades umbes viis minutit.
b) Tõsta chorizo lusika abil paberrätikutega vooderdatud nõule. Maitsesta soola ja pipraga, seejärel lisa kastrulisse porgand, sibul, küüslauk, tomat ja talisibul.
c) Keeda 12 minutit, perioodiliselt segades. Pärast köömnete lisamist küpseta veel minut.
d) Lase läätsed, vesi ja sool keema. Alandage kuumust keskmisele madalale, katke kaanega ja hautage 45 minutit või kuni läätsed on küpsed, kuid mitte pehmed.
e) Küpseta peaaegu 15–20 minutit või kuni kartulid on täielikult küpsed ja kahvliga pehmed, kuni chorizo ja kartulid on täielikult küpsed ja kahvliga pehmed. Vajadusel lahjendada veega.
f) Serveeri kohe pärast supikaussidesse vahutamist ja soovi korral koorega.

42. Mereandide hautis

KOOSTISOSAD:
- 1 spl võid
- 1 spl oliiviõli
- ½ tassi hakitud rohelist pipart
- ½ tassi hakitud punast paprikat
- 1 tass hakitud sibulat
- 2 hakitud värsket küüslauguküünt
- 1 tass riivitud porgandit
- 1 tablett kalapuljongit
- ½ tl paprikat
- 4 tassi rasket koort
- 1 purk (13,5 untsi) kookospiima
- ⅓ tassi valget veini
- 2 naela. jumbo krevetid, kooritud ja deveineed
- 12 väikest kaelakarpi puhastatud
- 2 naela. 1-tollisteks tükkideks lõigatud mõõkkala
- 1 spl hakitud värsket koriandrit
- 1 spl hakitud värsket peterselli
- 1 spl tomatipastat

JUHISED:
a) Soojenda või ja õli sobivas potis keskmisel kuumusel.
b) Küpseta, aeg-ajalt keerates, kuni sibul, punane pipar, küüslauk, roheline pipar ja porgand on pehmed ja läbipaistvad, umbes 10 minutit. Maitsesta soola ja pipraga. Keeda koor, kalapuljong ja kookospiim keemiseni.
c) Lisage mereannid, katke ja küpseta umbes kaks minutit või kuni karbid avanevad. Eemaldage see tulelt ja visake avamata kestad ära. Hauta 20 minutit pärast veini ja tomatipasta lisamist.
d) Serveeri kuumalt, kaunistatud värske koriandri ja peterselliga.

43. Kolme lihaga Sancocho

KOOSTISOSAD:
- 8 tükki kana
- 1 tass hakitud sibulat
- 1 punane paprika, tükeldatud
- 4 küüslauguküünt, hakitud
- 1 tl jahvatatud köömneid
- ¼ tl jahvatatud achiote
- 3 kõrvu värsket maisi lõigata 3 tükiks
- 12 tassi vett
- 1 nael sealiha
- 1 nael veiseliha, lõigatud tükkideks
- 2 rohelist jahubanaani, kooritud ja viilutatud
- 4 keskmist valget kartulit kooritud ja poolitatud
- 1 nael värsket yucat, kuubikuteks
- ¼ tassi hakitud värsket koriandrit
- ¼ tl jahvatatud pipart
- 1 tl soola

JUHISED:
a) Segage segistis sibul, pipar, küüslauk ja köömned 12 tassi veega. Asetage liha, sealiha, kana, mais, sibul, sool ja roheline jahubanaan sobivasse potti.
b) Kuumuta vesi keemiseni, seejärel kata kaanega ja alanda keskmisele kuumusele, et keeda 45 minutit.
c) Sega kartulid ja yuca sobivas segamisnõus. Küpseta peaaegu 30 minutit või kuni köögiviljad on kahvliga pehmed. Lisage koriander ja segage hästi. Maitsesta soola ja pipraga maitse järgi.
d) Serveeri suurtes supikaussides, jaotades võrdselt liha, kana ja köögivilju.

44. Colombia Ahuyama supp

KOOSTISOSAD:
- 2 supilusikatäit võid
- 1 sibul, hakitud
- 2 küüslauguküünt, hakitud
- ½ tl karripulbrit
- ¼ tl punase pipra helbeid
- 4 ½ liitrit kanapuljongit
- 2 ½ naela. kõrvits, kooritud ja kuubikuteks lõigatud
- ¼ tl jahvatatud muskaatpähklit
- 1 tl Worcestershire'i kastet
- 1 spl kreemjat maapähklivõid
- ½ tassi kerget koort
- ¼ tassi hakitud värsket peterselli

JUHISED:
a) Sulata sobivas potis keskmisel kuumusel või. Segage sibul, küüslauk, karripulber ja punase pipra helbed sobivas segamisnõus.
b) Küpseta peaaegu viis kuni kaheksa minutit, kuni sibul on läbipaistev. Sega sobivas segamiskausis kokku sibulasegu, kanapuljong ja squash.
c) Hauta suppi 20 minutit keskmisel kuumusel või kuni kõrvits on kahvliga läbitorkamisel pehme. Pärast tule väljalülitamist segage muskaatpähkel, Worcestershire'i kaste ja maapähklivõi.
d) Blenderda või töötle segu partiidena blenderis või köögikombainis ühtlaseks massiks, lisades järk-järgult koort.
e) Serveeri peterselliga.

45.Colombia kana maisi- ja kartulihautis

KOOSTISOSAD:
- 2 spl oliiviõli
- 1 suur kollane sibul, tükeldatud
- 4-5 küüslauguküünt, hakitud
- 1 spl soola
- 1 spl musta pipart
- 4 tassi kanapuljongit
- 1 ½ tassi vett
- 2 naela. Idaho segatud kartul, kuubikuteks lõigatud
- 3 kõrvakest värsket maisi, lõigatud neljandikku
- 1 hunnik koriandrit, tükeldatud vartega
- 1 hunnik talisibulat, tükeldatud
- 2 spl kuivatatud guascat või kuivatatud pune
- 3 naela. kondita kanarindadest

GARNIS
- Avokaado viilud
- Mehhiko kreem või hapukoor
- Kapparid
- Laimi viilud
- Koriander

JUHISED:
a) Lisage oliiviõli kiirpoti pruunistamise funktsioonile. Kombineerige sibul ja küüslauk segamisnõus. Küpseta peaaegu 5 minutit, kuni sibul on pehme. Eemalda menüüst praadimise valik.
b) Lisage kanapuljong, vesi, kartul, mais, guascas või pune, koriander, talisibul, sool ja pipar maitse järgi, samuti kana rinnad.
c) Keerake klapp tihendusse ja sulgege kaas. Lülitage supi seadistus sisse ja laske sellel 30 minutit keeda.
d) Kui keetmine on lõppenud , laske rõhust vabastada . Rõhu vähendamise lõpetamiseks lülitage ventiil õhutusrežiimile ja avage ettevaatlikult Instant Pot.
e) Eemaldage kanarind ja tükeldage see kahe kahvliga, enne kui paned tagasi hautisse ja segage õrnalt sisse.
f) Serveeri avokaadoviilude, värske koriandri, laimiviilude, kapparite ja hapukoorega.

46. Kana ja kookosesupp

KOOSTISOSAD:
- 4 supilusikatäit võid
- ½ tassi sibulat, hakitud
- 1 väike punane paprika, tükeldatud
- 2 talisibulat, tükeldatud
- 1 suur porgand, kooritud ja julieneeritud
- ¼ tl köömneid, jahvatatud
- ¼ tl achiote , jahvatatud
- 2 suurt kollast kartulit, kooritud ja kuubikuteks lõigatud
- 4 tassi kanapuljongit
- 2 suurt kanarinda, tükeldatud
- 2 spl tomatipastat
- 2 maisi kõrva lõigatakse tükkideks
- 2 tassi kookospiima
- ½ tassi rasket koort
- 1 tass herneid
- Sool ja pipar, maitse järgi
- Värske hakitud koriander, serveerimiseks

JUHISED:
a) Sulata või sobivas potis keskmisel kuumusel. Kombineerige sibulad, punane paprika, talisibul, porgand, köömned ja achiote sobivas segamisnõus.
b) Küpseta peaaegu 5 minutit, kuni need on pehmed. Tõsta kuumus keskmisele kõrgele ning pane kartulid, kanarind, tomatipasta ja puljong keema. Vähendage kuumust ja keetke osaliselt kaanega 20–30 minutit või kuni kartulid on pehmed. Pärast maisi ja kookospiima lisamist küpseta madalal kuumusel peaaegu 10 minutit.
c) Pärast koore ja herneste lisamist küpseta veel viis minutit. Maitsesta maitse järgi soola ja pipraga.
d) Kaunista värske koriandriga.

47. Colombia kana Sancocho

KOOSTISOSAD:
- 1 ½ tl oliiviõli
- 6 sibulat, hakitud
- 1 keskmine tomat, tükeldatud
- 4 küüslauguküünt, hakitud
- 6 nahata kanakintsu luudel
- 1 tass hakitud koriandri lehti ja varsi
- 3 keskmist punast kartulit, kooritud ja tükeldatud
- 10 untsi. külmutatud yucca, 4 tk
- 3 maisikõrvad, lõigatud pooleks
- ½ keskmist rohelist jahubanaani, kooritud ja tükeldatud
- 1 tl köömneid
- 2 kanapuljongikuubikut

JUHISED:
a) Pruunista sibulad ja küüslauk õlis sobivas potis. Prae pärast tomatite lisamist veel minut aega. Maitsesta soolaga ja lisa kanatükid.
b) Pärast mõneminutilist keetmist lisa potti yucca ja jahubanaan ning kaheksa tassi vett. Kata kastrul kanapuljongi, köömnete ja poole koriandrist.
c) Hauta madalal kuumusel umbes 40 minutit. 40 minuti pärast maitse ja reguleeri soola, seejärel lisa kartulid ja keeda veel 15 minutit.
d) Küpseta peaaegu seitse minutit või kuni mais on täielikult keedetud. Serveeri suurtes kaussides koos koriandriga.

PEAROAD

48.Kolumbia stiilis täidetud sealiha

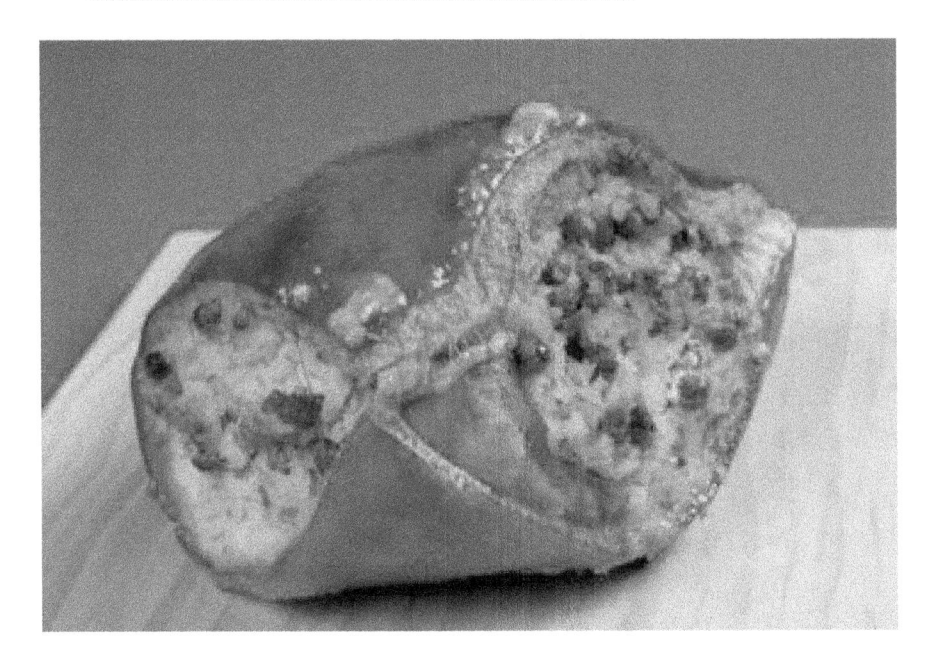

KOOSTISOSAD:
- 2 naela. sealiha rasvased nahad
- ¼ tassi searasva või seapekk
- 4 sibulat hakitud
- 4 küüslauguküünt hakitud
- 1 tl jahvatatud köömneid
- 1 tl sazon asafraniga
- ¾ tassi herneid
- 1 ¼ tassi keedetud valget riisi
- Sool ja pipar, maitse järgi
- 2 naela. lb sealiha, lõigatud väikesteks tükkideks

JUHISED:
a) Sulata searasv või seapekk sobivas potis. Sega kaussi sibulad ja küüslauk. Küpseta umbes 3 minutit.
b) Sega sealiha, keedetud riis, jahvatatud köömned, sazon, herned, sool ja pipar sobivas segamisnõus. Sega kausis kokku searasva ja sibula segu. Pärast kilega katmist hoia tund aega külmkapis. Loputage ja kuivatage searasvanahk jaheda veega. Aseta seapeki nahk fooliumiga kaetud ahjuplaadile või ahjupannile ja kata riisiseguga.
c) Alustage seanaha rullimist, et riisi ja sealiha segu täielikult ümbritseda.
d) Koos hoidmiseks siduge see kööginööriga. Eelsoojendage ahi temperatuuril 475 kraadi F. Laske nahal kaaneta küpsetamise ajal umbes 40 minutit pruunistuda.
e) Pärast fooliumiga katmist küpseta veel 45 minutit. Eemaldage ahjust ja asetage see lõikelauale.
f) Kui lechona on vähemalt 15 minutit puhanud, nikerdage see. Serveeri koos arepa, soolakartuli ja laimiviiludega.

49.Colombia sealiha Milanese

KOOSTISOSAD:
SEALIHA LÕIGUD
- 4 õhukest kondita sealihakarbonaad (paksus ¼–½ tolli)
- 4 keskmise laimi mahl
- ½ supilusikatäit jahvatatud köömneid
- 1 spl küüslaugupulbrit
- 1 spl sibulapulbrit
- Sool ja pipar, maitse järgi

LEIVAMINE
- 1 tass (140 g) universaalset jahu
- 2 suurt muna
- 1 spl vett
- 1 tass (140 g) tavalist riivsaia
- Sool ja pipar, maitse järgi
- Õli

JUHISED:
a) Maitsesta sealiha kotletid köömnete, küüslaugu, sibula, soola ja pipraga ning nirista seejärel laimimahlaga . Seda tuleks teha mõlemalt poolt. Pärast sealiha karbonaadi klaaspurki asetamist ja kilega katmist jahutage 30 minutit.
b) Sega sobivas segamiskausis jahu, sool ja pipar. Klopi eraldi suures segamiskausis kokku munad ja vesi, maitsesta soola ja pipraga.
c) Eraldi suures tassis maitsesta leivapuru maitse järgi soola ja pipraga.
d) Eemaldage sealihakotletid 30 minuti pärast külmkapist ja uputage need jahusse. Seejärel kasta need munasegusse ja tilguta üleliigne maha.
e) Lõpuks süvendage need riivsaiaga , kattes mõlemalt poolt põhjalikult. Küpseta ettevalmistatud sealihakotlette mõlemalt poolt umbes 6 minutit sobival pannil piisavalt õlis keskmisel kuumusel või kuni need on küpsed ja kuldpruunid. Vajadusel küpseta neid partiidena. Serveeri kohe friikartulite, lisandi salati, soolakartuli või arepaga .

50.Kolumbia praetud terve kala

KOOSTISOSAD:
- 4 tervet väikest tilapiat, puhastatud ja skaleeritud
- 2 keskmise suurusega laimi
- 4 küüslauguküünt, hakitud
- Sool, maitse järgi
- 1 tass universaalset jahu
- Õli, praadimiseks

JUHISED:
a) Tee kala mõlemale küljele terava noaga 3-4 diagonaalset sisselõiget.
b) Lisa igale kalale laimimahl, maitse järgi küüslauku ja soola.
c) Veenduge, et vedelik, küüslauk ja sool satuksid nii õõnsusse kui ka teie tehtud viilud. Kuumutage sobival pannil umbes 1 tolli õli viis minutit keskmisel kõrgel kuumusel, kuni temperatuur jõuab 350 kraadini F.
d) Kasutage jahu, katke iga kala mõlemalt küljelt, raputage üleliigne osa maha ja asetage kuuma õli sisse.
e) Küpseta kuumal pannil viis-seitse minutit mõlemalt poolt kuldpruuniks. Serveeri.

51.Colombia tomati ja sibula salsa

KOOSTISOSAD:
- 1 keskmine sibul, hakitud
- 2 küpset tomatit, tükeldatud
- 4 rohelist sibulat, hakitud
- ½ rohelist pipart, umbes ⅓ tassi tükeldatud
- 3 küüslauguküünt, hakitud
- 3 supilusikatäit oliiviõli
- ½ tl köömneid
- 1 pakk Sazón Goya con Azafrán
- ¼ tassi koriandri lehti, jämedalt hakitud
- 1 näputäis soola
- 1 näputäis musta pipart või maitse järgi

JUHISED:
a) Segage sobival pannil oliiviõliga hakitud sibul, tomatid, roheline sibul, roheline pipar, küüslauk, oliiviõli, köömned ja Sazón Goya.
b) Küpseta, sageli keerates, kuni köögiviljad on pehmed ja lõhnavad, umbes 10 minutit keskmisel kuumusel.
c) Enne koriandri lisamist küpseta peaaegu viis minutit, kuni segu on äärmiselt pehme ja hästi segunenud. Serveeri.

52.Colombia oad

KOOSTISOSAD:
- 1 nael kuivatatud punaseid ube
- 2 porgandit, tükeldatud
- 1 jahubanaan, tükeldatud
- 1 (5 g) ümbrik sazon goya
- 1 spl soola
- Hogao (Kolumbia kreoolikaste)
- 1 väike tomat, tükeldatud
- ½ väikest sibulat, tükeldatud
- 2 rohelise sibula vart, hakitud
- ¼ tassi värsket koriandrit, hakitud
- 2 spl õli

JUHISED:
a) Prügi eemaldamiseks peske oad põhjalikult veega.
b) Asetage kiirkeedupotti ja täitke veega maksimaalse jooneni. Asetage pliidile tihedalt suletav kaas ja küpseta kõrgel kuumusel 35 minutit. Eemaldage kiirkeetja tulelt ja laske aurul enne avamist täielikult väljuda.
c) Lisatakse porgandid, jahubanaanid, sazon ja sool . Kui eelistate oma oasupimat, lisage veel vett, et asendada see, mis on kadunud; kui te seda ei tee, on need väga kuivad ja peate neid järgmises etapis tähelepanelikumalt jälgima, kuna need põlevad tõenäolisemalt.
d) Kata kaanega ja hauta veel 20-30 minutit keskmisel kuumusel. Kuni oad keevad, pruunistage väheses koguses õlis tomat, sibul ja koriander vähese soolaga.
e) Kui oad on valmis, lisage hogao ja kontrollige õrnust; vajadusel kata kaanega ja hauta veel 5-10 minutit. Serveeri valge riisi ja lemmiklihaga ning naudi!

53. Carne En Polvo

KOOSTISOSAD:
- 1 naela küljetükk, kuubikuteks lõigatud
- 5 tassi vett
- 2 küüslauguküünt, purustatud
- 2 sibulat, hakitud
- ½ tassi hakitud sibulat
- ½ tl jahvatatud köömneid
- Sool ja pipar, maitse järgi

JUHISED:
a) Lisage kilekotis olevale küljesteikile talisibul, küüslauk, sibul, köömned, sool ja pipar. Tõsta vähemalt kaheks tunniks külmkappi.
b) Pane küljepraad ja vesi keskmisel-kõrgel kuumusel sobivas potis keema.
c) Vähendage selle kuumust keskmisele madalale ja küpsetage liha tund aega.
d) Eemaldage keedetud veiseliha veest ja asetage see jahtuma. Veiseliha keetmiseks kasutatud vett saab kasutada supi valmistamiseks või veiselihapuljongiks muude roogade jaoks. Aseta veiseliha köögikombaini ja lõika viiludeks.
e) Töötle veiseliha, kuni see on pulbrilise konsistentsiga. Serveeri.

54.Colombia läätsed

KOOSTISOSAD:
- ½ tassi läätsi
- 1 ½ tassi vett
- 1 väike tomat, tükeldatud
- 1 väike sibul, hakitud
- 2 tl jahvatatud köömneid
- 1 tl soola
- 1 spl taimeõli
- 2 väikest kollast kartulit kuubikutena

a) JUHISED :
Sega sobivas potis keskmisel-kõrgel kuumusel kokku läätsed, vesi, tomat, sibul, köömned, sool ja taimeõli; keema keema.
b) Küpseta peaaegu 30 minutit, kuni läätsed on pehmed. Küpseta aeg-ajalt segades, kuni kartulid on pehmed, veel umbes 15 minutit.

55. Colombia turmada kartul

KOOSTISOSAD:
- 6 suurt kartulit, kooritud ja viilutatud
- 2 spl taimeõli
- 6 linki sealihavorst, viilutatud
- ¼ tassi tükeldatud valget sibulat
- ¼ tassi hakitud rohelist sibulat
- ½ tassi kuubikuteks lõigatud värsket tomatit
- 1 tl jahvatatud köömneid -
- ½ tl kuivatatud tüümiani, jahvatatud
- Sool ja pipar, maitse järgi
- 3 viilu valget võileiba, tükeldatud
- ½ tassi piima
- 1 tass riivitud mozzarella juustu
- 1 tass riivitud parmesani juustu
- 2 spl taimeõli
- 6 kõvaks keedetud muna, viilutatud

JUHISED:
a) Eelsoojendage ahi temperatuuril 350 kraadi F. 9x13-tolline klaasist küpsetusnõu tuleks määrida. Täida sobiv pott poolenisti soolase veega ja lisa kartulid.
b) Kuumuta kõrgel kuumusel keemiseni, seejärel alanda keskmisele-madalale kuumusele, kata kaanega ja küpseta 20 minutit või kuni köögiviljad on pehmed. Kuumutage sobivas pannil keskmisel kuumusel taimeõli; küpseta vorsti 5 minutit kuumas õlis.
c) Pärast valge ja rohelise sibula lisamist küpseta veel 5 minutit. Kombineerige tomat, köömned ja tüümian segamisnõus. Sool & pipar maitse järgi.
d) Alandage selle kuumust madalale kuumusele ja keetke 10 minutit. Valage piim kaussi saiakuubikutele, jälgides, et iga tükk oleks läbi imbunud. Pooled kartuliviiludest peaksid minema valmistatud roa põhja.
e) Kata kartulid vorstiseguga.
f) Laotatakse üksteise peale tükeldatud munad, umbes pool niisutatud saiast, mozzarella juust, ülejäänud kartuliviilud, ülejäänud niisutatud leib ja viimasena Parmesani juust .
g) Küpseta 30 minutit eelsoojendatud ahjus, kuni see on täiesti soe.

56. Kolumbia Carne Asada

KOOSTISOSAD:
- 2 naela. küljepraad, lõigatud suurteks tükkideks
- 2 spl oliiviõli

MARINAAD
- 1 spl suhkrut
- 1 spl punase veini äädikat
- 1 ½ supilusikatäit laimimahla
- 1 tl köömneid
- 1 tl tšillipulbrit
- 1 tl soola
- 3 küüslauguküünt, hakitud

CHIMICHURRI
- 1 tass peterselli lehti
- 3 küüslauguküünt
- 2 spl oliiviõli
- 1 spl punase veini äädikat
- 2 spl laimimahla
- Sool, maitse järgi
- Värskelt jahvatatud must pipar, maitse järgi

JUHISED:
a) Blenderis kõik chimichurri kastme koostisosad ja jäta kõrvale.
b) Sega marinaadiained sobivas kausis ja aseta sinna küljepihvitükid. Sega korralikult katteks, kata ja pane 2 tunniks külmkappi. Samal ajal eelsoojendage ahi temperatuuril 350 kraadi F.
c) Aseta steigitükid küpsetuspaberiga kaetud ahjuplaadile. Vala ülejäänud marinaad praadile ja küpseta ahjus 20-30 minutit pehmeks.
d) Kui praad on poole peal küpsetatud, keerake see ümber. Serveeri.

57.Taimetoitlased empanadad mustade ubade ja maisiga

KOOSTISOSAD:
TAIGAS
- 4 tassi universaalset jahu
- 3 supilusikatäit granuleeritud suhkrut
- 1 ½ tl soola
- ¾ tassi külma seapekki
- 2 supilusikatäit võid
- 2 suurt munakollast
- ¾ kuni 1 tassi vett

TÄITMINE
- ½ tassi kuldseid rosinaid
- 3 supilusikatäit taimeõli
- 1 väike sibul, hakitud
- 2 tl aji panca pasta
- 1 tl köömneid
- ½ tl küüslaugu soola
- 1 keskmine tomat, seemnete ja kuubikutega
- 6 keskmist sibulat, hakitud
- 1 spl granuleeritud suhkrut
- 1 (15 ½ untsi) purk musti ube, nõrutatud
- 2 tassi külmutatud maisiterad
- 1 spl laimimahla
- 4 untsi talupidajate juust, kuubikuteks
- 4 untsi pipar jack juust, kuubikuteks
- ¼ tassi värsket koriandrit, hakitud

KOOSTAMINE
- 1 suur muna, lahtiklopitud
- 1 tass sõelumata kondiitri suhkrut

JUHISED:
a) Sega kõik empanada taigna koostisosad segamisnõus ja sõtku seejärel 5 minutit.
b) Pane ettevalmistatud empanada tainas kaussi, kata ja jäta 10 minutiks seisma. Täidise jaoks hauta sibulat ajipasta , küüslaugusoola ja köömnetega õliga pannil viis minutit.

c) Sega juurde tomatid, suhkur ja talisibul ning küpseta kaheksa minutit. Lisa mustad oad ja ülejäänud täidise ained.
d) Sega hästi ja küpseta 10 minutit. Jagage ettevalmistatud tainas 20 võrdseks tükiks ja rullige igaüks ¼ tolli paksuseks ringiks. Jaga musta oa täidis ringidele ja murra need pooleks. Suruge taigna servad kokku ja sulgege täidis sees. Eelsoojendage ahi temperatuuril 350 kraadi F.
e) Asetage ettevalmistatud mustade ubade empanadad küpsetusplaadile ja küpsetage 15 minutit ning keerake need pärast poole küpsemist ümber. Serveeri.

58. Frijoles Colombianos

KOOSTISOSAD:
- 3 tassi pintoube, leotatud
- 1 nael seakannad
- 6 tassi vett
- 1 tass hakitud porgandit
- ½ tl soola
- ½ roheline jahubanaan, lõigatud ¼-tollisteks

GUISO
- 1 spl hakitud sibulat
- 2 tassi kuubikuteks lõigatud tomateid
- ¼ tassi hakitud talisibulat
- 3 supilusikatäit taimeõli
- ¼ teelusikatäit soola
- 1 küüslauguküüs, hakitud
- ¼ tassi hakitud koriandrit
- ¼ tl jahvatatud köömneid

JUHISED:
a) Nõruta leotatud oad ja sega need sobivas potis vee ja sealihaga.
b) Keeda oad keskmisel-kõrgel kuumusel keemiseni, seejärel kata kaanega ja alanda kuumust keskmiselt madalale. Lase ubadel tasasel tulel keeda umbes 2 tundi või kuni need on praktiliselt pehmed. Valmistage guiso ubade küpsemise ajal.
c) Küpseta sobival pannil taimeõlis keskmisel kuumusel peaaegu 15 minutit ning lisa tomatid, sibulad, sibulad, sool, küüslauk, koriander ja jahvatatud köömned.
d) Lisage guiso, jahubanaanid, porgandid ja sool, kui oad on peaaegu valmis.
e) Küpseta veel 60 minutit või kuni oad on täielikult küpsed.
f) Kata kaanega ja hauta veel kolm tundi guiso, jahubanaanide, porgandite ja soolaga. Serveeri pärast soolasisalduse kontrollimist.

59. Sancocho de Albondigas

KOOSTISOSAD:
- ½ naela jahvatatud sealiha
- ½ naela veisehakkliha
- 4 supilusikatäit aliñot
- ½ tl soola
- ½ tassi eelküpsetatud maisijahu
- ½ sooja vett
- 1 tass aliñose kastet
- 3 värsket maisikõrvast, lõigatud 3 tükiks
- 12 tassi vett
- 2 rohelist jahubanaani, kooritud ja viilutatud
- 4 keskmist valget kartulit, kooritud ja poolitatud
- 1 nael külmutatud või värsket yucat, tükeldatud
- ¼ tassi värsket koriandrit, hakitud
- ¼ tl musta pipart
- 1 tl soola

JUHISED:
a) Sega liha, sealiha, alios , sool, maisijahu ja vesi sobivas segamisnõus. Sõtkuge valmistatud segu kätega, kuni kõik on hästi segunenud . Tehke segust 8 lihapalli ja asetage need taldrikule.

b) Asetage vesi, alios , lihapallid, mais, sool ja roheline jahubanaan sobivasse potti. Kuumuta keemiseni, seejärel alanda kuumust keskmisel madalal kuumusel ja hauta umbes 45 minutit. Sega kartulid ja yuca sobivas segamisnõus.

c) Küpseta veel 30 minutit, kuni köögiviljad on kahvliga pehmed. Lisage koriander ja segage hästi. Maitsesta soola ja pipraga maitse järgi.

d) Serveeri lihapallid ja köögiviljad suurtes supikaussides, jaotades lihapallid ja köögiviljad ühtlaselt.

60. Crema De Aguacate

KOOSTISOSAD:
- 1 spl võid
- ½ tassi hakitud sibulat
- 1 küüslauguküüs hakitud
- 4 tassi kanapuljongit
- 2 küpset avokaadot kooritud ja püreestatud
- 1 tl laimimahla
- 2 tassi rasket koort
- ¼ tl jahvatatud köömneid
- Sool ja pipar, maitse järgi
- ¼ tassi hakitud värsket koriandrit

JUHISED:
a) Kuumuta keskmisel kuumusel sobivas potis või ning lisa sibulad ja küüslauk. Keeda 5 minutit, sageli segades. Sega juurde kanapuljong ja keeda keema.
b) Alandage kuumust keskmisele madalale, lisage avokaado, laimimahla koorköömned, must pipar ja sool ning jätkake küpsetamist veel 10 minutit.
c) Püreesta see supp segistiga ühtlaseks ja kaunista koriandriga.

61.Kolumbia stiilis lihapallid

KOOSTISOSAD:
- ½ naela jahvatatud sealiha
- ½ naela veisehakkliha
- 1 suur muna
- ½ tl jahvatatud köömneid
- ¼ tassi eelküpsetatud maisijahust masarepat
- 1 küüslauguküüs hakitud
- ¼ tassi hakitud sibulat
- 1 sibul hakitud
- ¼ tassi punast paprikat
- Sool ja pipar, maitse järgi
- 2 spl õli lihapallide küpsetamiseks
- 2 tassi hogao (Colombia kreoolikaste) või sarnast tomatikastet
- 2 tassi veiselihapuljongit
- 2 spl universaalset jahu
- ¼ tassi värsket koriandrit

JUHISED:
a) Lihapallide valmistamiseks sega sealiha ja veisehakkliha sobivasse segamisnõusse. Segage sibulad, küüslauk, sibul, punane paprika, masarepa, muna, sool ja pipar sobivas segamisnõus.
b) Segage koostisained oma kätega põhjalikult. Vormi lihapallid pallideks ja laota need serveerimisalusele. Eelkuumuta õli sobivas kastrulis keskmisel kuumusel. Prae lihapalle umbes seitse minutit või kuni need on igast küljest hästi pruunistunud.
c) Aseta lihapallid paberrätikutega kaetud taldrikule, et liigne vedelik imab.
d) Kastme valmistamiseks ühenda segamisnõus ülejäänud retsepti koostisained. Sega puulusikaga jahu, kuni see on täielikult rasvas lahustunud. Vala sisse veisepuljong ja kraabi puulusikaga panni põhja, et tükid lahti tuleks.
e) Keeda tasasel tulel, kuni vedelik on vähenenud ja moodustunud kaste. Pärast hogao lisamist küpseta 10 minutit, sageli segades. Viska lihapallid tagasi kastmesse.
f) Hauta peaaegu 20 minutit, kuni kaste pisut pakseneb ja lihapallid on hästi kuumenenud. Serveeri koriandriga kaunistatud valge riisiga.

62.Küpsetatud lõhe koriandri-küüslauguõliga

KOOSTISOSAD:

- 4 6 untsi lõhefileed
- 2 tassi värsket koriandrit, varred eemaldatud
- ½ tassi oliiviõli
- Sool ja pipar, maitse järgi
- 2 küüslauguküünt
- ½ laimi mahl

JUHISED:

a) Eelsoojendage ahi temperatuuril 400 kraadi F. Aseta lõhefileed sobivasse ahjuvormi. Maitsesta igale fileele maitse järgi soola ja pipart.

b) Sega köögikombainis koriander, õli, küüslauk, laim, sool ja pipar. Vala pool ürdisegust lõhefileedele.

c) Küpseta lõhe ahjuvormi 15–20 minutit või kuni lõhe on läbi küpsenud. Nirista kalale ülejäänud koriandrikaste ja serveeri.

63.Lõhe krevetikastmega

KOOSTISOSAD:
- 4–6 untsi. Lõhefileed
- Sool ja pipar, maitse järgi
- ½ tl paprikat
- 3 supilusikatäit võid
- ¼ tassi hakitud sibulat
- 1 ½ tassi piima
- 3 supilusikatäit universaalset jahu
- 1 ½ tassi piima
- ¼ tassi rasket koort
- 1 nael kooritud, välja töötatud ja tükkideks lõigatud krevette
- ¼ tl jahvatatud köömneid
- ½ tabletti kalapuljongit

JUHISED:
a) Eelsoojendage ahi temperatuuril 400 kraadi F. Aseta lõhefileed sobivasse ahjuvormi. Iga filee peale puistatakse paprikat, soola ja pipart.
b) Küpseta küpsetusvormi 15–20 minutit või kuni lõhe on läbi küpsenud.
c) Kastme valmistamiseks sulata keskmisel kuumusel sobivas potis või, lisa sibulad ja prae peaaegu kolm minutit või kuni läbipaistvuseni.
d) Sega ahjus kaks minutit jahu koos sibulaga.
e) Kuumuta piim keemiseni, seejärel alanda kuumust.
f) Küpseta viis minutit koos krevettide, soola, pipra, köömnete ja kalapuljongiga. Pärast koore lisamist küpseta veel kaks minutit.
g) Lülitage kuumus välja. Tõsta krevetid lusikaga kaussi.

64.Kolumbia stiilis röstitud seajalg

KOOSTISOSAD:
- 1 (10 naela) kondiga seajalg
- 8 sibulat, hakitud
- 1 punane paprika, tükeldatud
- 1 suur valge sibul, tükeldatud
- 10 küüslauguküünt, purustatud
- 3 supilusikatäit jahvatatud köömneid
- 2 supilusikatäit valget äädikat
- Sool ja pipar, teie maitse järgi
- 6 tassi tumedat õlut
- 1 supilusikatäis jahvatatud achiote

JUHISED:
a) Pane sealiha sobivasse röstimispannile, mida saab hoida külmkapis ja kasutada ahjus.
b) Sealihamarinaadi valmistamiseks sega kõik koostisosad segamisnõus. Sega sobivas köögikombainis kokku sibulad, punane paprika, sibul, purustatud küüslauk, jahvatatud köömned, äädikas, sool ja pipar. Töötle, kuni kõik on kenasti integreeritud.
c) Seajala mõlemale küljele tuleks teha sügavad sisselõiked ja marinaadiga kogu liha hõõruda. Pärast panni kilega katmist hoidke 24 tundi külmkapis. Laske seakoibal veel 24 tundi marineerida koos õlle ja jahvatatud achiotega, pöörates seda iga kaheksa tunni järel.
d) Kui olete valmis küpsetama, võtke see külmkapist välja ja laske 30 minutit toatemperatuuril seista. Eelsoojendage ahi temperatuuril 325 kraadi F.
e) Kata röstimispann kindlalt fooliumiga ja küpseta viis kuni seitse tundi või kuni pehme ahju alumisel siinil.
f) Et seajalg ei kuivaks, peske seda supikulbiga iga 20 minuti järel pannikastmetes. Kui sealiha on küpsenud, eemaldage pannilt foolium ja hautage seitse minutit, kuni nahk on krõbe ja praguneb.

65.Laimiga kastetud praad

KOOSTISOSAD:
- Jäme sool, maitse järgi
- 1 ½ naela. seeliku praad kärbitud, pooleks lõigatud
- Must pipar, maitse järgi
- ½ laimi, mahl

JUHISED:
a) Hõõru praad musta pipra, laimimahla ja soolaga.
b) Seadke pann keskmisele kuumusele.
c) Määrige see küpsetuspreiga ja küpseta steiki kolm minutit mõlemalt poolt. Serveeri soojalt.

66.Kanavõileib

KOOSTISOSAD:
- ¾ tassi keedukana, tükeldatud
- ⅓ tassi kerget majoneesi
- 2 spl ketšupit
- 1 tl värsket sidrunimahla
- ½ tassi porgandit, kooritud ja tükeldatud
- ¼ tassi rosinaid
- 1 näputäis soola
- 1 näputäis musta pipart
- 4 viilu täisteraleiba

JUHISED:
a) Sega kausis tükeldatud kana musta pipra, soola, rosinate, porgandi, sidrunimahla, ketšupi ja majoneesiga.
b) Määri pealt pool täisteraleivaviiludest juustu seguga ja aseta peale teised saiaviilud. Viiluta ja serveeri.

67. Colombia searibid

KOOSTISOSAD:
- 4 tl soola
- 4 küüslauguküünt, hakitud
- 1 keskmine valge sibul, hakitud
- 1 tl musta pipart
- 1-½ tl Dijoni sinepit
- 1-½ tl Worcestershire'i kastet
- 1 tl kuivatatud pune
- ¼ tl jahvatatud köömneid
- 1 tl malagueta pipart
- ½ tassi õunasiidri äädikat
- 4 naela sealiha sparereid
- Taimeõli, ainult harjamiseks

JUHISED:
a) Blenderda sool, küüslauk, sibul, must pipar ja ülejäänud koostisosad, välja arvatud ribid. Eelsoojendage ahi temperatuuril 350 kraadi F.
b) Aseta maitsestatud ribid ahjuplaadile ja nirista peale marinaad. Hõõru korralikult läbi, kata ja marineeri 1 tund.
c) Kata pann fooliumiplaadiga ja küpseta tund ja 50 minutit. Tõstke ahju temperatuuri 425 kraadini F ja soojendage ahju.
d) Katke ja röstige 25 minutit. Serveeri soojalt.

68. Peekon ja Collard Greens

KOOSTISOSAD:
- 2 kobarat kaelusrohelist
- 6 riba suitsupeekonit, tükeldatud
- 4 küüslauguküünt, hakitud
- Sool ja must pipar, maitse järgi
- 1 tl kana puljongipulbrit

JUHISED:
a) Blanšeerige rohelisi kuues tassi keevas vees kolm minutit, seejärel nõrutage.
b) Prae peekonit sobival pannil seitse minutit. Sega juurde küüslauk ja hauta peaaegu 30 sekundit.
c) Lisage rohelised, must pipar, sool ja puljongipulber.
d) Küpseta kolm minutit. Serveeri soojalt.

69. Singi ja juustuga küpsetatud riis

KOOSTISOSAD:
- 2 suurt munakollast
- 2½ tassi tugevat vahukoort
- ½ väikest sibulat, tükeldatud
- 1 tass porgandit, hakitud
- 1 tass värsket peterselli, hakitud
- 1 tl soola
- 1 näputäis musta pipart
- 8 untsi mozzarella juust, riivitud
- 8 untsi hakitud deli sink
- 2 tassi keedetud valget riisi
- 1 tass Parmesani juustu, hakitud

JUHISED:
a) Eelsoojendage ahi temperatuuril 350 kraadi F.
b) Määri sobiv ahjuvorm võiga ja puista seejärel jahuga. Blenderda kausis munakollased koorega.
c) Segage riis, sink, mozzarella, must pipar, sool, 1 tass peterselli, porgand ja sibul.
d) Sega korralikult läbi ja laota segu siis ahjuvormi.
e) Raputa peale parmesani ja küpseta 30 minutit.
f) Kaunista peterselliga. Serveeri soojalt.

70.Kana potipirukas

KOOSTISOSAD:
KANATÄIDIS
- 2 spl oliiviõli
- 2 keskmist sibulat, hakitud
- 2 küüslauguküünt, hakitud
- 2 tomatit, tükeldatud
- 2 naela kanarind, keedetud ja tükeldatud
- ½ tassi hakitud rohelisi oliive
- 1 tass maisi
- 1 tass rohelisi herneid
- 1 tass peopesasüdameid, tükeldatud
- 1 tass tomatikastet
- Paar tilka kuuma kastet
- 2 tassi kanapuljongit
- 1 spl jahu segatuna ⅓ tassi piimaga
- ½ tassi hakitud peterselli
- Sool ja must pipar, maitse järgi

KOORIK
- 5 tassi jahu
- 1 tl soola
- 3 munakollast
- ½ tassi külma vett
- 3 pulka võid (12 untsi), lõigatud väiksemateks tükkideks
- 1 lahtiklopitud munakollane pintseldamiseks

JUHISED:

a) Prae sibulat ja küüslauku õlis sügaval pannil kaks minutit. Lisa tomatid ja küpseta viis minutit. Sega hulka mais, herned ja ülejäänud täidise koostisosad ning küpseta 10 minutit. Sega hästi ja jäta kõrvale.

b) Sega kausis jahu ja ülejäänud koore koostisosad. Sõtku ettevalmistatud tainas, kata ja jäta 20 minutiks seisma. Eelsoojendage ahi temperatuuril 350 kraadi F.

c) Võtke ⅔ sellest taignast ja jagage see 12-tolliseks ringiks. Asetage see üheksa-tollisele pannile ja suruge see vastu seinu.

d) Torka koore sisse mõned augud ja lisa sellele ettevalmistatud täidis. Rulli ülejäänud tainas üheksatolliseks ringiks ja aseta täidisele. Lõika peale rist ja pintselda munakollasega.

e) Küpseta 35 minutit ahjus. Tükelda ja serveeri soojalt.

MAGUSTOODUD

71. Colombia jõulukreem

KOOSTISOSAD:
- 8 untsi panela või sarnane suhkruroosiirup
- 4 tassi täispiima
- 3 nelki
- 4 kaneelipulka
- ½ tl söögisoodat
- ½ tl soola
- ¾ tassi maisitärklist
- 2 spl võid
- 1 tass hakitud kookospähklit
- 1 tl vanilli
- ¾ tassi hakitud pähkleid

JUHISED:

a) Sega sobivas kausis maisitärklis ja vesi. Vahusta aeglaselt üks tass piima (vajadusel rohkem), kuni maisitärklis on täielikult segunenud ja segu ühtlane.
b) Täida raske pott poolenisti piimaga. Maisitärklise maitse on alguses tuntav, kuid tuhmub, kui natilla on korralikult küpsetatud. Lisada tuleks maisitärklist. Riivi paneel ja sega piimaga.
c) Kombineerige söögisoodat, kaneelipulgad ja sool segamisnõus. Koostisosade põhjalikuks segamiseks vahustage need omavahel. Lisada tuleks söögisoodat.
d) Aja piima-suhkru segu keskmisel-madalal tulel pidevalt segades keema. Eemalda nelk ja kaneelipulgad. Kuumuta suhkrupiimasegu keemiseni.
e) Jätkake küpsetamist regulaarselt segades, kuni piima-maisitärklise segu hakkab paksenema. Kui kasutad, sega hulka kookospähkel. Vahusta teises sobivas kausis piim ja maisitärklis. Küpseta 10–12 minutit või kuni segu on paksenenud. Segage regulaarselt, et vältida maisitärklise kokkukleepumist ja segu kõrbemist. Kuumuta segu keemiseni.
f) Eemaldage kuumusest ja lisage soovi korral rosinad ja/või pähklid. Sega või ja vaniljeekstrakt segamisnõus. Sega hulka rosinad ja pähklid. Täitke seguga ettevalmistatud kaheksa-tolline ruudukujuline klaaspann või mis tahes määritud küpsetusnõu. Hoia segu tahkeks külmkapis.
g) Täida pann poolenisti seguga. Puista natillale ohtralt tuhksuhkrut. Serveerimiseks lõika kolmetollisteks ristkülikukujulisteks tükkideks.

72.Colombia naela kook

KOOSTISOSAD:
- 2 tassi soolata võid, pehmendatud
- 1 ½ tassi suhkrut
- 9 muna, eraldatud
- 2 supilusikatäit brändit
- 1 tl vanilli
- 4 ½ tassi koogijahu, sõelutud
- ½ tl soola

JUHISED:
a) Kuumuta ahi 325 kraadini Fahrenheiti. Vahusta või heledaks ja kohevaks vahuks, seejärel lisa vähehaaval suhkur, pidevalt vahustades, kuni segu on kerge ja kohev.
b) Jätkake vahustamist keskmise kiirusega, lisades ükshaaval munakollased.
c) Sega hulka brändi ja vanilliekstrakt hoolikalt. Sega munasegusse sool ja jahu ning sega korralikult läbi.
d) Munavalged peaksid olema tugevad ja kuivad. Voldi kummilabidaga valged sisse. Määri 10-tolline koogivorm võiga.
e) Asetage küpsetuspaber ettevalmistatud võiga määritud panni põhja ja suruge see alla, seejärel keerake paber nii, et see jääks panni siseküljele.
f) Valage tainas pannile ja purustage see ühtlaselt jaotumise tagamiseks vastu letti. Küpseta tund aega või kuni kook tõmbub külgedelt eemale ja keskele torgatud nuga tuleb puhtana välja.
g) Laske restil jahtuda.

73.Colombia või- ja suhkruküpsised (Polvorosas)

KOOSTISOSAD:
- 1 ½ tassi soolamata võid
- ½ tassi suhkrut
- 2 tassi universaalset jahu
- ½ tassi tuhksuhkrut
- ½ tl vaniljeekstrakti

JUHISED:

a) Kuumuta ahi 350 kraadi Fahrenheiti järgi. Või selgeks muutmine: Sulata soolata või madalal kuumusel sobivas potis, kuni see on täielikult sulanud. Lase küpsetada, kuni vaht tõuseb sulavõi pinnale.

b) Pärast panni tulelt eemaldamist laske viis minutit jahtuda. Eemaldage pealt vaht ja visake minema.

c) Kasutades peene sõela, valage see kaussi. Vahusta võid elektrimikseriga umbes 3 minutit. Vahusta suhkur ja vanill, kuni see on täielikult segunenud.

d) Pärast jahu lisamist jätka vahustamist veel kaks minutit. Vormi taignast pall. Pärast kilesse pakkimist hoia 30 minutit külmkapis. Vormi 2 tl tainast peopesade vahel pallikesed. Asetage pallid ½ tolli kaugusele sobivale õliga määritud ahjuplaadile.

e) Tasandage pallid kätega. Küpseta küpsiseid umbes 20 minutit või kuni pealt on pruunid.

f) Lase ahjupannil viis minutit jahtuda. Küpsistele tuleks puistata tuhksuhkrut.

74. Kolumbia Merengón

KOOSTISOSAD:
BESESE KÜPSISED
- 4 suurt toatemperatuuril munavalget
- ½ tl koort hambakivi
- ⅛ teelusikatäis soola
- 1 tass granuleeritud suhkrut
- 1 tl vaniljeekstrakti

MERENGON
- 3 tassi vahukoort
- 3 tassi teie valitud puuvilju

JUHISED:
a) Eelsoojendage ahi temperatuuril 250 kraadi F. Kata sobiv ahjuplaat küpsetuspaberiga ja joonista topsi või väikese kausiga küpsetuspaberile keskmise suurusega ringid (kaks-kolm tolli, läbimõõduga umbes viis-seitse ja pool cm). Valmista beseesegu, segades kõik selle koostisosad kausis, seejärel tõsta see kondiitrikotti.
b) Küpsiseplaadile küpsetuspaberi kinnitamiseks tupsuta iga nurga alumisele küljele väike kogus besee. Täida iga joonistatud ring seguga, et moodustada besee koogilaadne kuju.
c) Eelsoojendage ahi temperatuuril 212 kraadi F ja küpsetage üks tund. Seejärel lülitage ahi välja ja jätke selle uks mõneks tunniks lahti, et besee kuivaks ja jahtuks. (Kui soovite, et need oleksid täiesti krõbedad, laske beseedel ahjus kuivada ilma ust avamata .)
d) Kui need on käsitsemiseks piisavalt külmad, murendage ühe besee pealsed, täitke see vahukoorega ja lisage oma lemmikpuuvilja. Kui soovid teha kahekihilist merengoni , murenda kaunistatud besee peale veel üks besee, täida see vahukoorega ja pane peale veel puuvilju.

75.Kookoskommid (Cocadas Blancas)

KOOSTISOSAD:
- 2 ½ tassi kookospähklit, hakitud
- ¾ tassi suhkrut
- 1 ½ tassi kookosvett
- ¼ tassi täispiima
- Näputäis kaneelipulbrit

JUHISED : s
a) Sega potis kõik koostisosad. Kuumuta keemiseni, seejärel alanda madalale kuumusele.
b) Laske sellel kaaneta podiseda 30 minutit või kuni see on paksenenud.
c) Et kookossegu poti põhja ei kleepuks, sega seda sageli puulusikaga.
d) Kahe lusika abil asetage väikesed osad taignast pärgamendiga vooderdatud küpsetusplaatidele, asetades need üksteisest kahe tolli kaugusele.
e) Hoidke neid õhukindlas anumas kuni kaks nädalat.

76. Õunapuru kook

KOOSTISOSAD:
KOOGItainas
- 2 tassi universaalset jahu
- ¾ tassi valget suhkrut
- 2 tl küpsetuspulbrit
- 1 tilk soola
- 1 spl lühenemist, sulatatud
- 3 spl soolata võid, sulatatud
- 1 suur muna
- 1 tass rasket koort
- 1 spl vaniljeekstrakti
- 3 keskmist küpsetatud hapukat õuna, puhastage südamik ja lõigake ⅛ viiludeks

STREUSEL TOPPING
- ¼ tassi universaalset jahu
- 2 spl suhkrut
- ½ tl jahvatatud kaneeli
- 1-½ supilusikatäit külma soolamata võid, lõigatud tükkideks
- ½ supilusikatäit rasket vahukoort
- 1 tl puhast vaniljeekstrakti

GARNIS
- ⅓ tassi karamellkastet

JUHISED:
a) Eelsoojendage ahi temperatuuril 350 kraadi F. Määri sobiv kaheksa × kaheksa tolline küpsetuspann küpsetuspritsiga.
b) Sega kausis streuseli katte ained.
c) Sega kausis kõik koogi retsepti koostisosad ühtlaseks massiks. Laota koogitainas ahjupannile ning tõsta peale õunaviilud ja streuseli kate.
d) Küpseta seda kooki ahjus 40 minutit. Lase koogil jahtuda ja viiluta serveerimiseks.

77. Avokaadovaht

KOOSTISOSAD:
- 1 14 untsi magustatud kondenspiima
- 4 väikest avokaadot, kooritud ja kivideta
- 2 laimi mahl
- 2 supilusikatäit granuleeritud suhkrut
- 1 spl hakitud pistaatsiapähklit

JUHISED:
a) Sega piim, avokaado, laimimahl ja suhkur segistis ühtlaseks massiks.
b) Jaga neljaks ramekiiniks ja pane kaheks tunniks külmkappi.
c) Kaunista pistaatsiapähklitega ja serveeri.

78. Torta De Tres Leches

KOOSTISOSAD:
KOOK
- 1 tass universaalset jahu
- 1 ½ tl küpsetuspulbrit
- ¼ teelusikatäit soola
- 5 suurt muna eraldatud
- 1 tass granuleeritud suhkrut jagatud
- 1 tl vaniljeekstrakti
- ⅓ tassi täispiima
- 1 purk (12 untsi) aurutatud piima
- 1 purk (14 untsi) magustatud kondenspiima
- ¼ tassi rasket koort

VAHUKOOR KRASTUS
- 1 ¾ tassi rasket koort
- 1 tl vaniljeekstrakti
- 2 ½ supilusikatäit suhkrut

JUHISED:

a) Eelsoojendage ahi temperatuuril 350 kraadi F. Kata sobiv üheksa x 13-tolline küpsetuspann küpsetuspaberiga, jättes plaadi mõlemale küljele klapid.

b) Määri pärgament küpsetuspritsiga. Sega sobivas kausis küpsetuspulber, jahu ja sool. Vahusta munakollased ¾ tassi suhkruga mikseriga suurel kiirusel kahvatukollaseks.

c) Lisa vanill ja piim. Vala valmis munakollasesegu jahusegule ja sega ühtlaseks. Vahusta munavalged eraldi mikseris suurel kiirusel, kuni moodustuvad pehmed piigid. Sega juurde ülejäänud ¼ tassi suhkrut ja vahusta, kuni valged on kõvad. Sega munavalge ettevalmistatud taignasse. Valage ettevalmistatud tainas pannile.

d) Küpseta koogitainast peaaegu 45 minutit. Jahuta küpsetatud kook küpsetusrestil ja kummuta kook ääristatud vaagnale.

e) Samal ajal sega kausis aurustunud piim, kondenspiim ja koor. Vala kogu piimasegu aeglaselt koogile. Jäta kook vähemalt 30 minutiks seisma.

f) Vahusta koogile jääks üks ja ¾ tassi koort kahe ja poole supilusikatäie suhkru ja ühe teelusikatäie vaniljega, kuni see on paks.

g) Määri vahukoor tordi pinnale. Lõika ruutudeks ja serveeri.

79. Colombia rosetid

KOOSTISOSAD:
KÜPSISED
- 2 muna
- 1 spl granuleeritud suhkrut
- Näputäis soola
- 1 ¼ tassi universaalset jahu
- 1 tass täispiima
- 1 tl vaniljeekstrakti
- Apelsini toiduvärv, maitse järgi

MAGUS KREEM
- 1 ½ tassi universaalset jahu
- 2¼ tassi vett
- 1 tl vaniljeekstrakti
- Apelsini toiduvärv, maitse järgi
- 1 tass valget granuleeritud suhkrut
- 2 spl sulatatud võid
- Õli, praadimiseks
- Magustatud kondenspiim

JUHISED:

a) Vahusta sobivas kausis kaks muna suhkru ja soolaga. Sega ülejäänud küpsise koostisosad tükivabaks. Kata see küpsise tainas kilega ja hoia üleöö külmkapis. Magusa koore jaoks sega sobivas kausis jahu ühe neljandiku tassi veega. Sega juurde vaniljeekstrakt ja toiduvärv.

b) Nüüd lase üks tass vett keema ja sega seejärel suhkur. Vähendage selle kuumust keskmiselt madalale kuumusele ja segage hästi. Lisa aeglaselt rõõsa koore jahusegu ja sega korralikult paksu ja ühtlase kreemini. Eemaldage see tulelt ja laske seejärel täielikult jahtuda.

c) Eelsoojendage toiduõli sügaval pannil 350 kraadini. Kasta rosettraud peaaegu 30 sekundiks kuuma õli sisse, seejärel kasta see küpsisetaignasse. Nüüd kasta rosettraud koos taignaga uuesti õli sisse ja jäta umbes 30 sekundiks seisma.

d) Prae iga küpsist peaaegu kaks minutit, nõruta selle õli tagurpidi paberrätikutele ja lase küpsisel täielikult jahtuda.

e) Küpseta samamoodi rohkem küpsiseid.

f) Katke iga küpsis rõõsa koore ja kondenspiimaga. Lõpuks serveeri.

80.Guajaavpasta täidisega leib

KOOSTISOSAD:
- 2 ¼ teelusikatäit pärmi
- 7 untsi 4 supilusikatäit sooja vett
- 4 tassi universaalset jahu
- 1 tl soola
- ½ tassi suhkrut pluss
- ½ tassi soolata võid, sulatatud
- 1 supilusikatäis vaniljeekstrakti
- 2 suurt muna

GLASE
- 1 lahtiklopitud muna
- 2 supilusikatäit sulatatud võid
- 2 tassi tükeldatud või viilutatud guajaavipastat

JUHISED:
a) Valage väikesesse segamisnõusse neli supilusikatäit sooja vett. Vesi peaks olema soe, kuid mitte nii palju, et kõht ei saaks sõrmi sellesse kasta. Segage lahustumiseks ½ supilusikatäit suhkrut ja pärmi.

b) Oodake kümme minutit, kuni pärm hakkab kasvama. Alustage jahu, soola, ülejäänud suhkru, vee ja pärmisegu segamist heas kausis. Parim on seda teha oma kätega, sest tunnete taigna konsistentsi paremini.

c) Sega kaussi või, vanill ja munad. Sega korralikult läbi. Sõtke tainas puhtal, kuival tasasel pinnal.

d) Puista peotäis jahu tööpinnale, seejärel aseta tainas peale ja alusta sõtkumist. Vajadusel lisa veidi jahu, et tainas käte või pinna külge ei kleepuks. Sõtku tainas ühtlaseks. See võib kesta alates 10 minutist. See on üsna kohanemisvõimeline. See ei tohiks olla liiga kuiv, kuid see peaks olema võimeline venima ja andma ilma rebenemiseta.

e) Pärast kergelt õlitatud kaussi ülekandmist ja katmiseks keeramist katke kilega.

f) Jätke ettevalmistatud tainas soojas kohas kerkima umbes kaheks tunniks või kuni see kahekordistub. Vormi iga komponent pikaks siidiseks köieks. Seejärel rulli iga taignatükk taignarulli abil pikaks

ristkülikuks. Aseta guajaavpasta iga ristküliku keskele ja rulli tainas tarretisrulliks .
g) Moodustage rõngas, ühendades kaks äärmist otsa kokku. Seejärel tehke sama teise ristkülikuga. Aseta rõngad sobivale küpsetuspaberiga kaetud ahjuplaadile, õmblusega pool allpool.
h) Kata kaanega ja tõsta 20-30 minutiks sooja kohta kerkima. Lõika tainas kääridega ½ tolli vahedega ümber välisserva. Kuumuta ahi 400 kraadi Fahrenheiti järgi. Pintselda rõngaste tipud lahtiklopitud muna ja sulavõiga.
i) Küpseta peaaegu 20 minutit või kuni pealt on kuldpruun ja rõngad on täielikult valmis.

81. Maisijahu kook

KOOSTISOSAD:
- 1 tl võid
- 1 tass universaalset jahu
- 1 tass maisijahu
- 1 spl küpsetuspulbrit
- ¼ teelusikatäit soola
- 1 tass suhkrut
- 2 muna
- ½ tassi taimeõli
- 1 tass täispiima

JUHISED:
a) Eelsoojendage ahi temperatuuril 350 kraadi F. Määri Bundti kook võiga.
b) Sega jahu segistis ülejäänud koogi koostisosadega.
c) Laota see segu pannile ja küpseta 10 minutit. Laske sellel jahtuda, tükeldage ja serveerige.

82.Kolumbia stiilis piimapuding (Postre De Natas)

KOOSTISOSAD:
- 1 gallon täispiima
- Vajadusel 2 tassi suhkrut või rohkem
- 4 munakollast
- Rosinad, maitse järgi
- Rumm, maitse järgi

JUHISED:
a) Kuumuta täispiim pannil keskmisel kuumusel keemiseni, tõsta siis tulelt ja jäta mõneks sekundiks kõrvale.
b) Eemalda kahvliga peale tekkinud kreem ja lao purki. Korrake, kuni tekkivat kreemi või natat enam ei ole . Valmistage väikeses potis siirup suhkrust ja ühest tassi piimajäägist.
c) Vahusta munakollased elektrimikseri abil kahvatuks, seejärel lisa siirupile ja sega, kuni need on põhjalikult segunenud. Sega rosinad, rumm ja koor segamisnõus (Natas).
d) Laske sellel segamata peaaegu 10 minutit keeda, pärast seda, kui kõik on õrnalt kokku segatud . Laske külmkapis jahtuda, enne kui tõstate need eraldi serveerimisnõudesse.

83.Kookose kook

KOOSTISOSAD:
KOOK
- 1 ½ pulka võid, pehmendatud
- 2 tassi suhkrut
- 4 muna, munakollased ja munad eraldatud
- 1 tl vaniljeekstrakti
- 2 ½ tassi universaalset jahu
- ½ tassi täispiima
- 1 (13,5 untsi) purk kookospiima
- 1 spl küpsetuspulbrit
- 1 näputäis soola

KASTE
- 1 (13 ½ untsi) purk kookospiima
- 2 tassi kookoshelbeid
- 1 (14 untsi) purk kondenspiima

JUHISED:
a) Eelsoojendage ahi temperatuuril 350 kraadi F. Määri sobiv üheksatolline koogivorm küpsetuspaberiga.
b) Määri see küpsetusspreiga ja puista jahuga.
c) Vahusta munavalged sobivas kausis vahuks ja jäta kõrvale. Vahusta munakollased, suhkur ja või mikseri kausis.
d) Vahusta viis minutit. Sega juurde vanill ja sega korralikult läbi. Sega hulka ülejäänud koogi koostisosad ja sega ühtlaseks massiks. Vala hulka munavalged, sega ühtlaseks ja laota seejärel ahjupannile. Küpseta kooki 60 minutit.
e) Lase koogil jahtuda. Sega pannil kookospiim, kondenspiim ja kookoshelbed ning keeda paksuks. Vala glasuur koogile. Viiluta ja serveeri.

84. Colombia Bunuelos

KOOSTISOSAD:
- 2 tassi Colombia (juust) quesito, riivitud
- ⅓ tassi maniokijahu
- ¼ tassi maisitärklist
- 2 spl suhkrut
- ¼ teelusikatäit soola
- 1 spl küpsetuspulbrit
- 1 suur muna
- 1-2 supilusikatäit piima
- Taimeõli, praadimiseks

JUHISED:
a) Riivi juust mikroplaaniga ja aseta kaussi. Sega maisitärklis, maniokijahu, suhkur, sool ja küpsetuspulber sobivas segamisnõus. Blenderdamiseks sega kõik kokku.
b) Sega muna kätega kuivainete hulka. Üks supilusikatäis korraga, lisa piim ja sega ühtlaseks taignaks. Vormi tainast ühe supilusikatäie suurused pallid. Sisestage iga Bunuelo ettevaatlikult lusika või ämblikuga kuumutatud õlisse (eelsoojendatud temperatuurini 325 kraadi F). 30 sekundi jooksul ujuvad need pinnale.
c) Nad on valmis äravooluks, kui nad on omandanud sügava kuldpruuni värvi. Laske neil paberrätikutega kaetud vaagnal 10 minutit jahtuda.

85. Colombia käsnkook (Bizcochuelo)

KOOSTISOSAD:
- 5 suurt muna, valge ja munakollane, eraldatud
- 1 ½ tassi granuleeritud suhkrut
- ½ tassi apelsinimahla
- ½ tl vaniljeekstrakti
- 1 ½ tassi sõelutud jahu
- 1 ½ tassi sõelutud maisitärklist või maisi
- 2 tl küpsetuspulbrit
- 2 supilusikatäit võid sulatatud

JUHISED:
a) Eelsoojendage ahi temperatuuril 350 kraadi F. Kata sobiv kaheksatolline ümmargune koogivorm küpsetuspaberiga või õlita pann enne jahustamist kergelt võiga. Munavalgetele tuleks lisada pool suhkrust ning need peaksid olema tugevad ja läikivad.
b) Vahusta 5 munakollast ülejäänud suhkruga sobivas kausis paksuks ja kahvatukollaseks vahuks. Vala hulka apelsinimahl ja vanilliekstrakt. Koostisosade ühendamiseks vispelda need omavahel.
c) Vahusta sõelutud jahu ja maisitärklis ühtlaseks massiks. Taignale tuleks lisada munavalged ja segada ettevaatlikult munakollasesegu hulka .
d) Vahusta munavalgete teine kolmandik, kuni munavalgeid enam näha pole. Korrake viimase munavalgelisandiga. Vala sisse või ja sega korralikult läbi.
e) Küpseta peaaegu 30 minutit pärast koogitaina ettevalmistatud koogivormi valamist. Pista keskele väike vardas või hambaork. Jahutage kook restil täielikult.
f) Koogi eemaldamiseks lükake noaga ümber panni sisemuse, et see lahti saada.

86.Kolumbia Dulce De Leche saiake

KOOSTISOSAD:
- 1 leht külmutatud lehttainast sulatatuna

TÄIDIS (kondiinakreem)
- 1 ½ tassi piima
- ½ tassi suhkrut
- Näputäis soola
- 1 tl vaniljeekstrakti
- 3 supilusikatäit maisitärklist
- 3 munakollast lahtiklopitud
- 1 spl võid
- 1 tass arequipe või dulce de leche

JUHISED:

a) Eelsoojendage ahi temperatuuril 400 kraadi F. Laota 2 küpsetuspaberiga kaetud ahjuplaati. Lõika küpsetis piki voltimismärke kolmeks ribaks. Aseta ahjuplaadile ja torka kahvliga igasse saia sisse paar auku.

b) Küpseta peaaegu 15 minutit või kuni kuldpruunini. Eemaldage küpsised küpsetuspaberitelt ja asetage need restile jahtuma. Kuumuta piim sobivas kastrulis madalal kuumusel.

c) Samal ajal sega väikeses kausis suhkur, maisitärklis ja sool. Segage järk-järgult maisitärklise segu piimale ja keetke 6 minutit või kuni see pakseneb. Pärast munakollaste hulka vahustamist küpseta peaaegu kaks minutit, pidevalt segades. Tõsta pann tulelt ning sega hulka või ja vaniljeessents.

d) Laske sellel toatemperatuuril jahtuda. Jaga iga tainas kahvliga kaheks kihiks. Üks kondiitrikiht tuleks katta kondiitrikreemiga. Kihid tuleks korrata.

e) Kõrvale serveeri arequipe või dulce de leche.

87.Colombia šokolaaditükk ja banaanimuffinid

KOOSTISOSAD:
- 8 spl soolata võid sulatatud
- 2 tassi universaalset jahu
- ⅔ tassi granuleeritud suhkrut
- 1 supilusikatäis küpsetuspulbrit
- ½ tl söögisoodat
- ⅓ tassi magustamata kakaopulbrit sõelutud
- ¼ teelusikatäit soola
- 2 tassi purustatud banaani
- 1 suur muna
- ½ tassi täispiima
- 1 tl vaniljeekstrakti
- 4 untsi Colombia mõrkjas šokolaad jämedalt hakitud

JUHISED:
a) Eelsoojendage ahi temperatuuril 350 kraadi F. Tavalise suurusega muffinipannil võiga või pihustiga muffinitopsi. Aseta küpsetusplaadile muffinipann.
b) Sega jahu, suhkur, küpsetuspulber, sooda, kakao ja sool sobivas segamisnõus. Sulata keeva veega kastruli kohale seatud või ja pool tükeldatud šokolaadist. Lülitage kuumus välja. Sega püreestatud banaanid, muna, sulatatud või segu ja piim eraldi segamisnõus.
c) Valage vedelad komponendid kuivainetele ja vahustage kummilabida abil õrnalt ühtlaseks. Taignat ei tohiks üle segada. Sega eraldi kausis kokku ülejäänud tükeldatud šokolaad. Täida iga muffinitops umbes kolmveerandi ulatuses taignaga.
d) Küpseta muffineid peaaegu 25 minutit või kuni keskele torgatud nuga tuleb puhtana välja.
e) Jahuta 10 minutit pannil jahutusrestil. Võta muffiniplaadid ahjust välja.

88.Colombia maasika besee

KOOSTISOSAD:
MERENGÓN
- 5 suurt munavalget
- 1 ½ tassi granuleeritud suhkrut
- ½ supilusikatäit laimimahla
- ¼ tl vaniljeekstrakti

MAASIKATÄIDIS
- 3 tassi värskeid maasikaid, viilutatud
- ¼ tassi suhkrut
- 1 tass rasket koort
- 1 tl vaniljeekstrakti
- 2 supilusikatäit tuhksuhkrut

JUHISED:
a) Eelsoojendage ahi 250 kraadi juures, mille keskel on rest. Tõsta kõrvale kaks väikest või üks suur küpsetuspaberiga kaetud ahjuplaat.
b) Vahusta munavalged elektrimikseriga sobivas segamiskausis pehmeks vahuks. Suurendage kiirust ja lisage järk-järgult granuleeritud suhkur, umbes 3 supilusikatäit korraga, kuni moodustuvad kindlad tipud. Valged peaksid olema tahked, kuid mitte kuivad.
c) Aeg-ajalt kraapige kausi külge. Pool beseest tuleks lusikaga tõsta ettevalmistatud ahjuplaadile ja tasandada spaatliga, jälgides, et põhi ei jääks liiga õhuke. Aseta ülejäänud besee eraldi ahjuplaadile. Valmista besee umbes kaks tundi või kuni see on krõbe.
d) Lülita ahi välja ja lase beseel avatud uksega ahjus seista 2-4 tundi või kuni see on korralikult jahtunud. Kui see on veel soe, ära võta seda ahjust välja.
e) Täidise valmistamiseks ühenda segamisnõus järgmised koostisosad. Lase maasikatel kausis granuleeritud suhkruga leotada, kuni besee on valmis. Vahusta vanill, koor ja tuhksuhkur tugevaks ja vahuks.
f) Määri vahukoor spaatliga besee peale, seejärel tõsta peale maasikad ja teine besee.
g) Lisa veel üks kiht kreemi ja peale ülejäänud maasikad.

89. Kassava kook

KOOSTISOSAD:
- 1 ½ naela. maniokk kooritud ja riivitud
- 1 ½ tassi riivitud juustu
- 1 spl võid sulatatud
- 1 tass suhkrut
- 2 tl aniisiseemneid tervena
- 1 tass kookospiima

JUHISED:
a) Eelsoojendage ahi temperatuuril 400 kraadi F.
b) Kombineeri kassaava ja juust segamisnõus. Segamist jätkates lisa sulatatud või ja suhkur.
c) Sega kookospiim korralikult läbi. Segage aniisiseemneid, kuni tainas on pehme ja ühtlane, hõõrudes neid peopesade vahel, et aroom vabaneks.
d) Täida vormiga määritud ahjuvorm.
e) Küpseta peaaegu 50 minutit või kuni see on pruun ja tahke.

90.Šokolaadi-koorepirukas

KOOSTISOSAD:
KOORIK
- 30 ruutu meega graham kreekerid
- 1 ½ pulka võid, pehmendatud
- 12 šokolaadiga kaetud digestive küpsist

KREEMITÄIDIS
- 3 munakollast
- 1 (14 untsi) purk kondenspiima
- 1 tass täispiima
- 1 (¼ untsi) pakend maitsestamata želatiini
- ½ tassi külma vett
- 1 ½ tassi rasket koort
- Šokolaadi Ganache
- 1 (12 untsi) kott magusaid šokolaaditükke
- 1 tass rasket koort

JUHISED:
a) Segage grahami kreekerid köögikombainis võiga ja määrige see üheksa-tollisele keedupritsiga määritud vetruvasse vormi.
b) Katke see koor ja jahutage see üheks tunniks. Vahusta munakollased piima ja magustatud kondenspiimaga sobivas kastrulis ning keeda. Vähendage kuumust ja küpseta 10 minutit, kuni see pakseneb.
c) Sega kausis želatiin ja külm vesi ning kuumuta mikrolaineahjus viis sekundit. Lisa see želatiinisegu kooresegule ja küpseta, kuni segu pakseneb.
d) Vahusta rõõsk koor kausis kohevaks. Lisa see koor piimasegule, sega ühtlaseks ja määri segu koorikusse.
e) Kata kaanega ja tõsta kolmeks tunniks külmkappi. Ganache'i jaoks lisa koor ja šokolaaditükid sobivasse kastrulisse ning küpseta, kuni šokolaad on sulanud.
f) Vala see ganache pirukale, kata uuesti ja pane üheks tunniks külmkappi. Serveeri.

91.Vanilje flan

KOOSTISOSAD:
- 1 tass suhkrut
- ⅓ tassi vett
- 2 (14 untsi) purki magustatud kondenspiima
- 28 untsi. täispiim
- 4 muna
- 1 spl vaniljeekstrakti

JUHISED:
a) Eelsoojendage ahi temperatuuril 375 kraadi F. Sulata pannil või ja küpseta 10 minutit, kuni see on pruun. Sega juurde vesi ja sega korralikult läbi. Levitage see karamell 10-tollisele pannile ja laske sellel jahtuda.
b) Sega pannil vanill, munad, piim ja kondenspiim ning küpseta segades kaks minutit. Vala see segu pannile, kata fooliumilehega ja küpseta poolteist tundi ahjus.
c) Laske plaadil jahtuda ja keerake serveerimistaldriku peale. Serveeri.

92. Postre De Milo

KOOSTISOSAD:
- 1 (14 untsi) purk kondenspiima
- 1 purk (7,6 untsi) piimapurk
- 1 tass piima
- 2 spl maisitärklist
- Milo või muu šokolaadimaitseline linnasepulber , nii palju kui soovite
- Ducale küpsised

JUHISED:
a) Sega kondenspiim ja piimakoor keskmisel kuumusel sobivas kastrulis.
b) Lisage väikesesse kaussi või tassi piim ja segage maisitärklis, kuni see on täielikult segunenud. Valage see kastrulisse, segades regulaarselt, et vältida tükkide tekkimist.
c) Jätkake küpsetamist keskmisel-madalal kuumusel. Edaspidi ärge lõpetage segu segamist enne, kui see on lõppenud. Keeda segu umbes üks minut või kuni see on paksenenud. Lülitage kuumus välja.
d) Lisage 8x8 ruudukujulise panni või 8-tollise ümmarguse panni põhja kiht piimapudingut ja puistake seejärel lusikaga üle kogu Milo pulbri. Milo kogus igas kihis on täielikult teie enda otsustada. Aseta peale ühtlase vahega kiht küpsiseid.
e) Korrake protsessi pudingiga, kuni olete kõik piimasegud ära kasutanud. Enne serveerimist hoia kilega kaetult neli tundi külmkapis. Viiluta ja serveeri.

93. Banaanid Calados

KOOSTISOSAD:
- 8 supilusikatäit sulatatud võid
- 1 supilusikatäis laimikoort
- 2 spl värskelt pressitud laimimahla
- 3 supilusikatäit suhkrut
- 8 banaani

JUHISED:
a) Kuumuta ahi 350 kraadi Fahrenheiti järgi. Tõstke kõrvale Pyrexi roog, mis on pritsitud toiduvalmistamise pihustiga.
b) Sega sobivas segamiskausis esimesed neli koostisosa. Pool segust tuleks valada Pyrexi. Aseta banaanid pärast koorimist Pyrexi tassi.
c) Vala banaanide peale ülejäänud segu. Parima katvuse saavutamiseks kasutage pintslit.
d) Küpseta rooga, kuni banaanid on kuldpruunid (20-30 minutit).
e) Serveeri jäätise, jogurti või jahutatud piimaga lisandina.

JOOGID

94. Colombia Refajo

KOOSTISOSAD:
- 1 liiter Colombiana soodat
- 9 tassi õlut
- 4 tassi jääd
- 3 aguardiente lasku

JUHISED:
a) Sega kõik retsepti koostisosad sobivas kannus ja serveeri.

95.Colombia kuum šokolaad juustuga

KOOSTISOSAD:
- 2 tassi piima
- 1 ½ supilusikatäit suhkrut
- 2 ¼ untsi tumedat šokolaaditahvlit, tükeldatud
- 1 unts mozzarella juustu, lõigatud kuubikuteks

JUHISED:
a) Kuumuta piim sobivas potis tasasel tulel regulaarselt segades, kuni see on soe. Sega šokolaaditahvlitükid piima hulka ja küpseta, kuni need on sulanud ja piimaga segunenud. Viska peale suhkur.
b) Jätkake segamist, kuni piim jõuab madala keemiseni. Asetage kahe kruusi põhja mõned kuubikud mozzarella juustu.
c) Täida iga kruus poolenisti kuuma šokolaadiga ja jäta kaheks-kolmeks minutiks kõrvale, et juust sulaks. Nautige!

96.Kolumbia korallid

KOOSTISOSAD:

- 1½ untsi laagerdunud Colombia rummi
- 1 unts greibimahla
- ½ untsi laimimahla
- ¼ untsi Marie Brizardi passioni siirupit
- 2 untsi vereapelsini soodat, näiteks San Pellegrino Aranciata Rosa
- Kaunistuseks 1 kuivatatud veriapelsini viil

JUHISED:

a) Segage kokteilišeikeris rumm, greibimahl, laimimahl ja passionfruudi siirup.
b) Loksutage 30 sekundit, seejärel kurnake jääga täidetud serveerimisklaasi.
c) Lisage peale tilk vereapelsini soodat. Garneeringuks serveeri kuivatatud veriapelsiniviiluga.

97.Colombia ananassi kuum jook

KOOSTISOSAD:
- 5 tassi vett
- 1 ananass, kooritud, südamik ja kuubikuteks lõigatud
- 1 ½ tassi suhkrut
- Aguardiente, maitse järgi

JUHISED:
a) Blenderis ananassitükid partiidena veega ühtlaseks massiks.
b) Kurna mahl sõela abil. Sega sobivas potis mahl ja suhkur.
c) Kuumuta keemiseni, seejärel alanda keskmisele tasemele ja jätka küpsetamist 15 minutit.
d) Serveerimiseks ühenda aguardiente ja suhkur väikeses kausis. Kastke tassi serv pärast niisutatud paberrätikuga niisutamist suhkrusse. Serveeri.

98.Colombia kookose kokteil

KOOSTISOSAD:

- Jääkuubikuid vastavalt vajadusele
- ¼ tassi rummi
- ¼ tassi viina
- ¼ tassi tequilat
- 2 tassi kookoskoort
- 1 tass kookosvett
- 3 laimi mahl
- Serveerimiseks laimiviilud

JUHISED:

a) Sega sobivas blenderis kõik retsepti koostisained ja blenderda mõni sekund ühtlaseks massiks.
b) Täida seguga klaas või värske kookospähkel.
c) Serveeri kohe koos laimiviiluga kaunistuseks.

99. Colombia Salpicón

KOOSTISOSAD:
- 1 ½ tassi tükeldatud õunu
- 1 ½ tassi kuubikuteks lõigatud maasikaid
- 1 ½ tassi kuubikuteks lõigatud arbuusi
- 1 ½ tassi kuubikuteks lõigatud banaani
- 1 ½ tassi tükeldatud papaiat
- 1 ½ tassi kuubikuteks lõigatud apelsini
- 1 ½ tassi kuubikuteks lõigatud värsket ananassi
- 1 ½ tassi viinamarju, punaseid ja rohelisi
- 1 ½ tassi kuubikuteks lõigatud kiivi
- 6 ½ tassi Sprite Zero või dieetkoolat

JUHISED:
a) Sega kõik retsepti koostisosad sobivas kannus vahusoodaga. Serveeri.

100.Apelsini ja Aguardiente kokteil

KOOSTISOSAD:
- 6 untsi Colombian Aguardiente
- 2 untsi laimimahla
- 4 untsi apelsinimahla
- 1 spl suhkrut
- 1 munavalge kergelt segada

JUHISED:
a) Segage kõik koostisosad jääga täidetud kokteilišeikeris, kuni need on hästi segunenud ja vahutavad.
b) Kurna serveerimisklaasi.

KOKKUVÕTE

"ÜLIMAALNE KOLOMBI KOKARAAMAT" hüvasti jättes teeme seda südamega, täis tänulikkust kogetud maitsete, loodud mälestuste ja kulinaarsete seikluste eest, mida tee peal jagatakse. Läbi 100 retsepti, mis tähistasid Lõuna-Ameerika rikkalikku pärandit, oleme asunud maitse-, kultuuri- ja kulinaarse uurimise teekonnale, avastades Colombia köögi elavat seinavaiba ja lugusid iga roa taga.

Kuid meie teekond ei lõpe siin. Naastes oma köökide juurde, olles varustatud uue inspiratsiooni ja Kolumbia köögi tunnustusega, jätkakem uurimist, katsetamist ja loomist. Ükskõik, kas teeme süüa endale, oma lähedastele või külalistele, olgu selle kokaraamatu retseptid rõõmu ja sideme allikaks, ühendades kultuure ja tähistades toidu universaalset keelt.

Ja kui me naudime iga maitsvat suutäit Kolumbia headusest, meenutagem lihtsaid naudinguid heast toidust, heast seltskonnast ja rõõmu lähedastega einete jagamisest. Täname, et liitusite meiega sellel kulinaarsel teekonnal läbi Colombia elavate maitsete. Olgu teie köök alati täis seiklusvaimu ja olgu iga teie loodud roog Lõuna-Ameerika rikkaliku pärandi pidustus. ¡ Buen provecho !